Karin Hunkel

Farbberatung
- No Black Today

Der farbige Weg zu sich selbst

Die hier zur Verfügung gestellten Informationen sollen Ihnen als Unterstützung dienen, damit Sie - zusammen mit Ihrem Arzt/Ihrer Ärztin, Heilpraktiker:in, Therapeut:in - eigenverantwortliche Entscheidungen in Gesundheitsfragen treffen können.
Bei gesundheitlichen Störungen sollten Sie die vorgeschlagenen Methoden erst nach Absprache mit Ihrem Arzt/Ihrer Ärztin, Heilpraktiker:in, Therapeut:in anwenden. Sie bieten keinen Ersatz für eine, von diesem verordnete, Behandlung. Die Autorin übernimmt keine Verantwortung für Schäden (finanzieller oder gesundheitlicher Art), die eventuell aus den im Buch erteilten Hinweisen entstehen könnten
Alle verwendeten Fotos sind entweder eigene und als solche angegeben, oder die Quelle ist angegeben.

Friedberg, 2025
© Karin Hunkel
Verlag: BoD · Books on Demand GmbH,
Überseering 33, 22297 Hamburg,
bod@bod.de
Druck: Libri Plureos GmbH,
Friedensallee 273, 22763 Hamburg
ISBN: 978-3-8192-6390-3

Inhalt

Vorwort

Nach drei erfolgreichen Buchveröffentlichungen über das Thema Farbe stelle ich hier nun mein erstes E-Book vor. Da sich in den letzten Jahren für mich die Erkenntnisse der Farbberatung weiterentwickelt haben, ist es für mich wichtig geworden, diese Ausweitung zu kommunizieren. Mit meiner eigenen Makeup-Serie, wurde mir klar, dass es über die Mischtypen, die ich vormals definiert hatte, noch weitere Farbtypen gibt.

Nach wie vor bestehe ich auf den gravierenden Unterschied zwischen warm und kalt und nehme an der Stelle keine Mischung vor. Aber ich habe zusätzliche Varianten innerhalb der kalten und innerhalb der warmen Farbtypen erkennen können.

Uneingeschränkt will ich ein Bewusstsein für die große Kraft der Farben schärfen. Farben erreichen uns auf allen Ebenen. Das Besondere an ihnen ist ihre Alltäglichkeit. Wir sind ständig von Farben umgeben, wir sehen Farben und kleiden uns in ihnen. Wir essen und trinken Nahrungsmittel in bestimmten Farben, drücken Musik (Klangfarbe) und sogar Gemütszustände (»Ich sehe rot«) durch Farben aus. Farben erregen und beruhigen, erwärmen und unterstützen uns. Sie sind allgegenwärtig und heilend wie das Licht, wenn sie auch für viele Menschen keine Relevanz haben.

Aber ich weiß, sich mit Farben intensiv zu beschäftigen, offenbart wahrhaftig eine Wunderwelt. Vielleicht wirst du als Leser:in aus dem Staunen nicht mehr herauskommen, wenn du erfährst, welche Kraft Farben haben können. Ich möchte dich einladen: Begib dich hinein in das Abenteuer Farbe.

In meiner Arbeit mit Farben gilt dem Bereich ihrer Anwendung und ihrem Zusammenhang mit der Psychologie des Menschen meine größte Aufmerksamkeit. Farben helfen, in jedem von uns einen Selbstheilungsprozess in Gang zu setzen.

Wichtig ist für mich auch die naturwissenschaftliche Sichtweise über Farben, die den theoretischen Hintergrund beschreibt. In diesem Verständnis liegt weit mehr als nur theoretisches Wissen. Farben sind Naturphänomene, die seit Jahrhunderten erforscht werden. Die physische Erscheinung der Farben unterliegt Gesetzmäßigkeiten, die „das Wesen" der Farben enthüllen können. Eine Farbberatung ist nicht oberflächlich, sondern sie macht es möglich, Bewusstsein über das eigene Potential zu gewinnen.

Fakt ist, dass eine Farbberatung nicht damit endet, lediglich den eigenen Farbtyp zu erfahren. Die Auseinandersetzung mit dem Farbpass - den Farben, die man tragen und die man vermeiden sollte - bewegt etwas in dem Menschen. Es sind Fragen, wie „kann es sein, über all die Jahre alles falsch gemacht zu haben" oder „jetzt weiß ich, warum ich einen großen Teil meiner Kleidung im Schrank nicht trage", die die Person nach der Farbberatung beschäftigen. Und manchmal geht es noch viel tiefer, wenn einem plötzlich klar wird, warum man Jahre lang bestimmte Farben abgelehnt hat, warum man Schwarz trägt und vieles mehr.

Lassen Sie sich von dem Inhalt in diesem Buch überraschen, lassen Sie zu, erschüttert zu werden, lassen Sie sich ein auf die Welt der Farben. Öffnen Sie Ihr Herz für das, was wir „Ihre Farben" oder ihren Farbtyp nennen.

Karin Hunkel, Friedberg 2025

Farbgefühle - Farbenkraft - Farbberatung

*»Kleidung und Schmuck sind immer nur
eine Widerspiegelung des Herzens.«*
Coco Chanel

Über Farben auf dem Weg zu sich selbst.

Farbanalysen sind hierzulande meist unter dem Begriff »Farb-
und Stil-Beratung« geläufig. In den USA sind sie erstmals schon
in den dreißiger Jahren bekannt geworden. Hollywood-Stars haben sich für ihre Filmrollen die Farben ihrer Kleidung »bestim-
men« lassen. Das System war damals aber lange nicht so ausgereift, wie es später entwickelt wurde. Meist ist die Praxis der
Farbberatung aber immer noch mehr auf den äußeren Bereich
der Mode ausgerichtet. Natürlich kann die Analyse eines Farbtyps durchaus auf einer rein äußerlichen Ebene funktionieren.
Dennoch ist sie für mich ihrem Wesen nach keineswegs äußer-
lich, sondern sie ist eine der Möglichkeiten, einen Menschen
über seine Farben <auf den Weg zu sich selbst> zu führen. Ein-
schneidende Veränderungen der Persönlichkeit können mit dem
Einlassen auf eine bestimmte Farbpalette eingeleitet werden.

Mit jeder persönlichen Farbauswahl wird das Kleid einer Persönlichkeit gewählt. Jemand, der sich hauptsächlich in Schwarz
oder in dunklen Farben kleidet, wird durch ein Analyseergebnis,
ein Frühling zu sein, plötzlich mit einer ganz anderen eigenen
Erscheinung konfrontiert. Die hellen, fröhlichen, leuchtenden
Farben des Frühlings zeigen ihn in totaler Opposition zu seinem
vorherigen Aussehen. Jetzt drängt sich so etwas wie ein Lern-
prozess auf, dieses neue Bild (das des Frühlingstypen) als das
eigene, bisher unbekannte und verdeckte, anzunehmen. Natür-

lich kann die Beschäftigung mit dem „Neuen" einen Sprung in ein inneres Chaos bedeuten und so lange Verunsicherung auslösen, bis die tiefe, bedeutungsvolle Wahrheit erkannt wird:

Die Farben, die wir wählen und tragen, spiegeln nicht nur unseren äußeren Stil wider, sondern können auch tiefe Auswirkungen auf unsere Persönlichkeit haben. Eine Farbanalyse kann uns helfen, uns selbst besser kennenzulernen und zu verstehen, welche Farben am besten zu uns passen und welche uns am besten unterstützen, um unser volles Potenzial zu entfalten.

Es ist wichtig zu erkennen, dass eine Farbanalyse kein starres Etikett ist, das uns in eine bestimmte Schublade steckt. Vielmehr ist es ein Werkzeug, das uns dabei helfen kann, unseren individuellen Stil und unsere Persönlichkeit auf eine neue Ebene zu bringen. Wir können uns bewusst für Farben entscheiden, die unsere Stärken betonen und uns gleichzeitig ermutigen, uns in neue Richtungen zu bewegen und zu wachsen.

Es mag zunächst beängstigend sein, sich mit einem neuen Farbtyp zu konfrontieren und alte Gewohnheiten und Vorlieben hinter sich zu lassen. Aber wenn wir uns auf diese Veränderungen einlassen und uns erlauben, uns von unseren Farben inspirieren zu lassen, können wir uns auf eine erstaunliche Reise zu uns selbst begeben. Es geht darum, unsere innere Schönheit und Kraft zu entdecken und zu zeigen, wer wir wirklich sind. Der Farbtyp. der wir aufgrund von erblichen Faktoren sind, ist - auf dem Weg der Selbsterkenntnis - ein Teil der eigenen Wahrheit.

Nachdrücklich möchte ich hier zum einen darauf verweisen, dass es nur »ein Teil« der Kenntnis des eigenen Selbst ist. Zum anderen kann ich mit voller Überzeugung sagen, dass dieses Quäntchen nicht oberflächlich ist, sondern uns helfen kann, uns mit uns selbst auf einer tiefen Ebene auseinanderzusetzen. Zusätzlich ist es wichtig, zu wissen, dass die Bestimmung des Farbtyps, die wir hauptsächlich aufgrund der Haut, Haare und Augenfarbe vornehmen, auf keinen Fall eine Aussage über die Persönlichkeit und den Charakter eines Menschen zulässt. Ob jemand ein Frühling, Sommer, Herbst oder Winter ist, sagt nichts darüber aus, ob er damit gleichzeitig ein vitaler, romantischer, zarter oder karrierebewusster Mensch ist.

Eine Farbtyp-Bestimmung ist eine tiefgehende Aufforderung, sich mit seiner eigenen Farblichkeit auseinanderzusetzen. Es ist wie ein Antippen, das uns aus einem Tagtraum holt. Die Auseinandersetzung beginnt für jeden Einzelnen im Umgang mit den neuen Farben.

Die Analyse des Farbtyps

Den Farbtyp zweifelsfrei zu analysieren, ist meistens nicht so einfach, wie sich das manche vorstellen und wie uns Berichte in diversen Magazinen oder sozialen Medien weismachen wollen. Da wir alle verschieden sind, ist es nicht möglich, einzig aufgrund eines Rasters mit Sicherheit zu behaupten, zu welchem Farbtyp wir gehören. Es existieren zwischen den einzelnen Typen zwar Regelmäßigkeiten, aber auch viele Abweichungen. Menschen mit braunen Augen können wir z. B. unter allen Farbtypen finden. Auch der Teint ist kein sicheres Indiz für die Aussage über einen bestimmten Farbtyp: Frühlingstypen und Wintertypen werden meist schnell braun, manche von ihnen wiederum gar nicht. Herbsttypen und Sommer sind sehr oft blass, aber manchmal auch nicht. Erst recht kann die Haarfarbe zu enormen Verwirrungen führen: Frühlingstypen sind meist blond, einige von ihnen jedoch dunkelhaarig. Wurde das Frühlings- und auch das Herbst-Haar häufig chemischen Prozeduren unterworfen oder häufig kurz geschnitten, kann es aschig, wie das des Sommers, wirken.

Das sicherste Verfahren, den jeweiligen Farbtyp zu ermitteln, ist, die Person vor dem Spiegel erfahren zu lassen, welcher Farbtyp sie wirklich ist. Ein spezielles Verfahren ermöglicht durch die Zusammenarbeit zwischen dem Kunden und dem Farbberater oder der Farbberaterin die Erfahrung der eigenen Persönlichkeit in anderen als den bekannten Facetten. Eine Farbberatung darf nicht so ablaufen, dass die Farbberaterin dem Kunden/der Kundin einfach sagt, welcher Farbtyp er/sie ist, sondern der Kunde/die Kundin muss es immer selbst sehen oder spüren. Dem Kunden dieses »Sehen« erfahrbar zu machen, ist die eigentliche Aufgabe einer Farbberater:in.

Die persönliche Farbberatung beginnen wir immer damit, dass sich der Kunde ungeschminkt im Spiegel sieht und unterhalb seines Gesichtes Tücher in verschiedenen Farben aufgelegt und gewechselt werden. Wenn der Kunde/die Kundin sich „einlassen" kann, sieht er/sie andauernde Veränderungen in seinem/ihrem Gesicht, weil die Farben der Tücher unterschiedlich in sein/ihr Gesicht reflektieren. Fragen wir, wie die eine oder andere Farbe empfunden wurde, so erhalten wir Beschreibungen intensiver Gefühle. Das Erlebnis, den eigenen Farbtyp selbst zu erkennen, ist unvergleichbar.

Der „Job", FarbberaterIn zu sein, ist einer der wunderbarsten, den ich kenne. Abgesehen davon, dass Farbberater:innen selbst ständig in der Welt der Farben leben, arbeiten sie mit den Kunden tatsächlich an der Quelle zu deren Schönheit und Wohlbefinden. Die Begleitung in die Selbsterfahrung mit Farben ist sehr erfüllend. Oftmals fanden sich Frauen nie vorher so schön wie nach der Entdeckung ihrer »richtigen« Farben.

Foto: Eigenes

Farben als Quelle für Schönheit und Wohlbefinden

Das Erlebnis, sich attraktiv und »erkannt« zu fühlen, ist wie eine Neugeburt. Wenn sich eine Farbberatung jedoch auf die simple Farbtyp-Bestimmung beschränkt, hat es nur wenig mit dem weiten Erfahrungsfeld zu tun, welches mit Farben eröffnet werden kann. Ich spreche dabei immer von einem »Prozess«, denn das Hineinleben in den Farbtyp dauert länger, als einfach die Garderobe durch ein Shopping-Event umzustellen. Und ich warne auch davor, sich radikalen Aufforderungen von Farbberater:innen zu unterwerfen, die auf konsequente sofortige Umstellung plädieren. So wird z. B. echter Goldschmuck umgefärbt oder verschenkt, weil die Farbberaterin gesagt hat, das solle jetzt »nicht mehr passen«, oder es wird die gesamte Garderobe weggeworfen, weil man sich nach den neuen Farben einkleiden will.

Meine Empfehlung: Lassen Sie sich Zeit, Ihre Garderobe auszutauschen. Bleiben Sie bei Ihren »Lieblingsfarben«. weil Sie diese wahrscheinlich auf der organischen oder psychischen Ebene »brauchen«. Jedes Kleidungsstück lässt sich mit Accessoires, wie Schals, Schmuck oder Westen und Blusen in den eigenen Farbtyp verwandeln.

Die Textilindustrie und auch die Frauenzeitschriften haben sich lange gegen Farbberatungen gewehrt. Einen Hype gab es in den 80ern, danach verschwand die Farbberatung in der Versenkung und erlebt dank sozialer Medien jetzt wieder eine Relaunch.

Die Farben, die ich ablehne

Die Komplementärfarben haben sich für mich als ein wichtiger Schlüssel zur Tür der verschütteten Energien (Blockaden) auf der psychologischen Ebene herausgestellt. Im praktischen Umgang mit Farben wird klar, dass es niemals einfach nur die Farbe ist, die abgelehnt wird. Wir können es uns ungefähr so vorstellen, als ob wir ein belastendes Thema aus der Kindheit in ein Kästchen mit einer bestimmten Farbe stecken. Dieses Kästchen räumen wir in die hinterste Ecke, damit wir es nicht mehr sehen müssen. Ab diesem Moment wird die Farbe, die dieses Kästchen hat, abgelehnt. So entstehen Farb-Aversionen.

Tritt diese Farbe irgendwann wieder in Erscheinung (z. B. durch eine Farbberatung), so liegt auch das ursächliche Thema wieder offen da. Die Farben, die als Lieblingsfarben auserkoren wurden, will man sich auf keinen Fall nehmen lassen. Die Angst, dass es jemanden geben könnte, der einem die liebsten Farben nimmt, führt häufig zur Ablehnung von Farbberatungen. Dazu möchte ich Ihnen sagen, dass mein Leitsatz für die Farbberatung ist: Jeder Mensch braucht alle Farben!

Ob jemand Frühling-, Sommer-, Herbst-, Winter- oder einer der Mischtypen ist - die Farben, für die wir uns entscheiden, treffen immer eine Aussage über unser Wesen. Dieses Wesen kann aber durch eine Farbberatung nicht völlig negiert werden. Für eine »ganzheitliche« oder »psychologische« Farbberaterin ist besonders der Punkt der Aversion von großem Interesse, weil die Gründe dafür in individuellen Erfahrungen und psychischen Strukturen zu finden sind.

Um es nochmals zusammenzufassen: Mit den Lieblingsfarben repräsentieren wir den Teil unserer Persönlichkeit, den wir mögen — mit der Ablehnung von Farben den Teil, der in unserer Entwicklung problematisch verlief. Aber es gehören beide Teile zu uns. Der eine ist locker, akzeptiert und selbstbewusst. Der andere hingegen ist versteckt, unbewältigt und manchmal sogar völlig unbekannt. Die Technik »Den Teil will ich auch gar nicht kennen« hilft jedoch nicht dagegen, da er doch ständig im Unterbewusstsein wirksam ist. Es kostet sogar mehr Energie, den unbewussten Anteil im Verborgenen zu halten, als ihn aufzudecken (zu erfahren). Natürlich gibt es auch gute Gründe, eine Farbe abzulehnen, wenn sie einem schlichtweg nicht steht. Dann birgt diese Ablehnung natürlich auch keine psychologischen Hintergründe.

Nachfolgend beschreibe ich Erfahrungen, die ich in der praktischen Arbeit mit Seminarteilnehmern machen konnte. Es sind Workshops, in denen ich durch die Selbsterfahrung der Teilnehmer die Wirkung der Farben für jeden Einzelnen von ihnen aufdecke. Die Mitglieder der Gruppe wählen zu Beginn eine Farbe aus der Palette: Braun, Rot, Orange, Gelb, Grün, Türkis, Blau, Indigo und Violett aus, um damit in verschiedenen Nuancierungen ein Bild zu malen. Auch die Verwendung verschiedener Materialien, wie Wasserfarbe, Wachskreide, Ölfarbe, Filzstifte, Kreide und Fingerfarbe, steht jedem offen.

Dann änderts sich jedoch die Anleitung dahingehend, dass die Teilnehmer tatsächlich ein Bild in der Komplementärfarbe*1) malen sollen. Beim Malen kann man zwei farbtherapeutische Wirkungen gleichzeitig beobachten. Zum einen bringt jeder Mensch durch die künstlerische Arbeit seine Kreativität in das Bild ein. Zum anderen wird die Farbe während des Malens intensiv über die Augen aufgenommen, organisch »verwertet« und psychisch verarbeitet. Somit befindet sich der Malende gleichzeitig in einem Prozess des Hineingebens und Aufnehmens. Die

Teilnehmer des Seminars sind Menschen, die sich auf Farben einlassen wollen oder sich schon lange mit Farben beschäftigen. Dennoch ist die erste Reaktion darauf, im Komplementär der vorher ausgewählten Farbe malen »zu müssen«, meist ein Schock.

Die Themen, die bei der Beschäftigung mit einer bestimmten Farbe »aufbrechen«, stehen immer in direkter Verbindung zu Aussagen über das Wesen des entsprechenden Chakras, dem diese Farbe zugeordnet wird, oder dessen Blockaden. Die Geschichte unserer persönlichen Entwicklung ist identisch mit der Entwicklung unserer Chakren; diese korrespondieren mit dem charakterlichen Ausdruck einer Farbe.

In den nachfolgenden Ausführungen über das jeweilige Wesen einer Farbe stelle ich am Schluss immer ein paar Fragen an die »eigene Farbe«. Dadurch wird die Reflexion darüber erleichtert, ob das Prinzip einer Farbe auf der psychischen Ebene »erledigt«, d.h. geheilt ist.

Wenn ich Ihnen die Bedeutung der Ablehnung bestimmter Farben beschreibe, so bitte ich Sie, dies als »Entree« in die Psychologie der Farben zu verstehen. Tiefere und ernsthaftere Aussagen kann ich nur machen, wenn ich den Menschen selbst vor mir habe und wir gemeinsam in einem Prozess der Selbsterfahrung an die Hintergründe der entwickelten Persönlichkeit gelangen können.

Rot - Die Kraft des Lebens

Rot ist die Verkörperung von Leidenschaft, Feuer und Kraft. Ihr Wärmegrad liegt eher im heißen Bereich. Rot ist als die aktivste Farbe der Farbpalette Ausdruck von »Power«. Rot wird als »ganz weit vorn« empfunden, ist wie der Motor allen Neubeginns.

Foto: Eigenes

Wegen des aktiven Charakters wird Rot von den meisten Menschen als männlich angesehen, obgleich es in der Kleidung hauptsächlich von Frauen getragen wird. Interessanterweise ist in Japan Rot die Frauenfarbe schlechthin. Auch die Hopi*2) verbinden die Farbe mit einer Frau. Ihre Legende spricht von einer »roten Frau«, die kommen und der ganzen Welt die »geheimen Lehren« verkünden wird. Von da an werden sich die Lager spalten in die Menschen, welche in der Wahrheit leben, und die anderen, die untergehen. So lautet die Legende.

Die negativen Seiten der Farbe Rot sind Assoziationen mit Gewalt, Zerstörung, Macht und Autorität. Sie erinnert an Verletzungen, Blutopfer, Mord und Kampf.

Die organische Ebene

Auf der organischen Ebene ist Rot die Farbe des Blutes und nimmt Einfluss auf die Blutzirkulation sowie auf die Bildung des Blutplasmas. Rot unterstützt die Entstehung roter Blutkörperchen, erhöht die Pulsfrequenz und den Blutdruck. Es verstärkt die monatliche Periode und intensiviert die Rötung bei mangelhaft durchbluteter Haut. Bei Erkältungen steigert es das Fieber und beschleunigt auf diese Weise den Heilungsprozess.

Rot sollte von lethargischen Personen getragen werden und von jedem, der vorübergehend an fehlender Vitalität leidet, weil diese Farbe den für die Aktivität zuständigen Sympathikusnerv anregt. Rot ist die Farbe mit der größten Stimulation, insbesondere für die Genitalorgane. Es regt die Produktion der Sexualhormone an und sorgt außerdem noch dafür, dass man länger wach bleibt (was sich das sogenannte »Rotlicht-Milieu« zunutze macht). Da Rot auch eine Farbe ist, die unsere Triebe aktiviert, sollte sie nur von Menschen genutzt werden, die mit ihren Trieben umgehen können.

Rot regt das Nervensystem an. Deshalb werden nervöse Menschen unter dem Einfluss der Farbe nervöser — auch wenn sie von einer anderen Person getragen wird. Bei einem zu erwartenden Streitgespräch sollte auf Rot verzichtet werden, sonst könnte der Gesprächspartner, wie wir selbst auch, schneller »rotsehen«. Das Gleiche gilt, wenn wir mit aggressiven Menschen zusammentreffen, die cholerisch reagieren. Menschen, die sehr dominant sind, verstärken durch das Tragen roter Garderobe zusätzlich diesen Eindruck. Umgekehrt können Selbstbehauptungsprobleme mit roter Kleidung kaschiert werden.

Rot sollte nicht bei akuten Entzündungen getragen werden, weil es sie verstärkt. Speziell bei Blasenproblemen ist Rot als Langzeittherapeutikum zu empfehlen, jedoch sollte bei akuten Entzündungen mit Blau gearbeitet werden. Bei Akne, Geschwüren,

Bluthochdruck und Couperose*3) werden die Beschwerden durch das Tragen der Farbe am Oberkörper verstärkt.

Die Komplementärfarbe Grün

Um Zugang zu den Krankheitsursachen, die wir mit Rot behandeln, zu finden, ist es hilfreich, auf die Komplementärfarbe zu schauen. Jede Farbe bildet mit ihrem Komplementär die Einheit zur Totalität - zur Ganzheit. Wird eine der beiden Farben zu stark oder ausschließlich gelebt und das Prinzip der anderen vernachlässigt, so entsteht ein Ungleichgewicht, das sich als Krankheit in dem jeweiligen farblichen Organbereich ausdrücken kann. Dann fehlt es bei niedrigem Blutdruck und Durchblutungsstörungen (Rot) an innerer Wärme, was eine Herzensqualität ist. Das Herz wiederum ist die organische Entsprechung der Farbe Grün. Der starke Harndrang bei Blasenentzündungen bedeutet auf der psychischen Ebene nicht geweinte Tränen (Herzeleid, Liebeskummer = Grün). Nicht zuletzt verlangt die sexuelle Stimulanz der Farbe Rot nach der Liebe des Herzens.

Die Auseinandersetzung mit Rot

Die Farbe ist – ähnlich den Traumsymbolen - nur das Symbol für einen Aspekt unserer Psyche und unseres Lebensmusters. Bei dem Vorschlag, sich mit Rot zu beschäftigen, erscheinen oftmals diffuse Ängste. Das kommt in den Bildern, die in meinen Seminaren gemalt werden, zum Ausdruck. Sie sind entweder chaotisch und wirken destruktiv, oder das Blatt bleibt, bei dem Versuch, mit der Farbe zu malen, weitgehend weiß. Die roten Themen haben also eine sehr verschwindende Erscheinungsebene im

18

Leben dieses Menschen. Die Konfrontation mit Rot vermittelt eine Ahnung, wie stark der Vulkan brodelt, auf dem man jahrelang »so erfolgreich« gesessen hat. Es ist ein großes Maß an verdrängter Wut, die nie gelebt werden durfte. »Das brave Mädchen/der brave Junge trägt kein Rot.« Nein, dann wäre es/er nämlich nicht mehr lange brav. Besonders Frauen haben verstärkt Angst vor den Konsequenzen ihrer Power und Aggressivität. Man(n) könnte sie nicht mehr mögen. Rot in der Kleidung bleibt sehr oft der »Femme fatale« vorbehalten und hat dort auch die Signalwirkung von Verführung und Leidenschaft. Rot lackierte Fingernägel und feuerrote Lippen zählen zu den »Waffen einer Frau«.

Natürlich finden wir auch bei Männern die Kombination: Vermeidung roter Kleidung gepaart mit Angst vor Aggression und Impulsivität. Meist wird die Farbe jedoch von Männern lediglich aus konventionellen Gründen des beruflichen Erscheinungsbildes abgelehnt. In der Freizeit haben Männer selten Schwierigkeiten, diese Farbe zu tragen. Wenn doch, sind sie eher sachlich oder schüchtern und konfliktscheu. Denselben Männern fehlt es oftmals an erfüllter Erotik. Sie leiden unter sexuellem Leistungsstress. Sie haben entweder Angst vor Impotenz oder Angst, ihre Triebhaftigkeit nicht kontrollieren zu können. Blockaden, die in der Assoziation mit Rot deutlich werden, sind für beide Geschlechter zusammen mit in der Kindheit erlebten, körperlichen und psychischen Verletzungen im Genitalbereich gespeichert. Als Erwachsener wird dann das Tragen dieser Farbe für ordinär und geschmacklos gehalten. Rot an sich ist jedoch keineswegs ordinär, sondern eine sehr kraftvolle Farbe (übrigens die erste, die wir alle als Baby sehen), die uns nicht nur auf der körperlichen Ebene anregt und vitalisiert, sondern auch psychisch Kraft gibt. Beginnen wir, unsere Kleidung rot zu gestalten, so können wir unser Kräftepotenzial um ein hohes Maß steigern.

Gerne getragen wird Rot von Menschen, die keine Schwierigkeiten haben, ihre Power zum Ausdruck zu bringen. Man könnte auch sagen: Menschen, die Rot tragen, stehen voll in ihrer Potenz. Menschen, die sich nicht so sicher fühlen, können diese Farbe nutzen, um mit ihr einen stärkeren Eindruck von Sicherheit zu hinterlassen.

Abgelehnt wird Rot meist, wenn das Problem einer fehlenden Selbstsicherheit besteht. Frauen lehnen es zudem ab, wenn sie Aggressionen fürchten (auch die eigenen) oder weil ihnen die Farbe »zu laut« ist, was sie selbst niemals sein wollen. Auch kindliche Gewalterfahrungen können dazu führen, später als Erwachsener diese aggressive Farbe abzulehnen. Rot wird häufig bei körperlichen Problemen im Genitalbereich abgelehnt, wie z. B. Blasenproblemen. Orgasmus- und Potenzprobleme führen ebenfalls dazu, das starke Rot abzulehnen. Foto: Eigenes

Spezielle Farbanwendungen

• Rote Strümpfe und Schuhe helfen speziell gegen kalte Füße

und heben obendrein den Blutdruck. Auch Handtücher und Badezimmerteppiche in Rot helfen, morgens schneller munter zu werden. Rote Decken wärmen stärker als blaue, vermitteln aber auch keine Ruhe. Ein Bad in rot gefärbtem Wasser (in Naturkostläden ist ein dafür geeigneter Badezusatz erhältlich) weckt sofort die müden Lebensgeister.

- Vorsicht in der Badewanne: Dringend auf den Pulsschlag achten, nur bei gleichbleibend niedrigem Blutdruck und höchstens 10 Minuten anwenden.
- Wenn Sie eine Lampe mit einer roten Birne gemeinsam mit einer Zeitschaltuhr und Ihrem Wecker verbinden, sorgt der allmorgendliche »Farbwecker« dafür, dass Sie nach ca. dreiwöchiger Anwendung keine Aufstehschwierigkeiten mehr haben. Auch dies soll nur bei gleichbleibend niedrigem Blutdruck angewendet werden.
- Rote Bekleidung verleiht uns einen kräftigeren und selbstsichereren Auftritt. Darüber hinaus mobilisiert sie unser sexuelles Potenzial und manchmal auch das unserer Partner.
- Ein Brauch für die Silvesternacht, der aus Italien kommt: Rote Unterwäsche tragen! Das soll Glück im ganzen nächsten Jahr bringen. Aber davon abgesehen, empfehle ich gern das Tragen von roten Slips, wenn Rot nicht in der Oberbekleidung getragen werden kann/will. Spätestens jedes Mal, wenn die Person auf die Toilette geht, wird sie von dem körpernahen Rot gewissermaßen geschockt. Das wirkt sehr stark.

Musik:
Rhythmusbetonte Musik, indianische und afrikanische Trommeln, »Habanera« aus »Carmen« von Bizet, »Carmina Burana« von Carl Orff

Speisen:

Erdbeeren, Granatäpfel, Himbeeren, Kirschen, Johannisbeeren, Wassermelonen, Hagebutten, Preiselbeeren, roter Paprika, Rote Bete, Tomaten, Radieschen, Chili, Cayennepfeffer, Paprika.

Fragen, die man sich selbst stellen kann und die dir helfen, zu erkennen, wie stark dein „geheilter" Rotanteil ist:

Kenne ich mein Aggressionspotenzial?
Stehe ich mit beiden Beinen fest auf dem Boden?
Lebe ich im Hier und Jetzt?
Habe ich Mut und Energie für das Neue?
Kann ich anderen Kraft geben?
Gehe ich meinen Weg unbeirrt?

Orange – die Wärme

Assoziationen mit Orange sind Gedanken an Wärme, südländische Abendsonne und Orangen. Gegen Depressionen und fehlenden Lebensmut aktiviert Orange - zusammen mit Gelb - Freude und Kraft. Als »Stand-Up« ist die Farbe morgens sehr geeignet. Deshalb wird ein Orangensaft - unbewusst - meist nur zum Frühstück getrunken. Abends wird er gemieden.

Da Orange auch eine starke Leistungsfarbe ist, sollte sie von Menschen gemieden werden, die sich im Stress befinden. Außer jemand möchte sich mit dem, was als Stress bezeichnet wird, auseinandersetzen. Dann ist die Farbe Wegbegleiter, mit dessen Hilfe man sich aus der Enge herausbewegen kann.

Foto: Eigenes

Die organische Ebene

Orange bezeichne ich als die Frauenfarbe schlechthin, weil ein direkter Zusammenhang zwischen den weiblichen Drüsen und Gebärorganen und dieser Farbe besteht. Wird Orange von Frauen abgelehnt, erfahre ich meist von Schwierigkeiten im Unterleib, wie Gebärmutter-, Eileiter und Eierstockerkrankungen. Es wird verständlich, wenn wir daran denken, dass Orange der Zugang zum 2. Chakra ist, das seinen Sitz im Gebärbereich hat. Umgekehrt lassen sich diese Probleme wiederum genau mit dieser

Farbe heilen. Sie durchströmt den gesamten Gebärbereich mit Energie. Malt eine Frau bei Periodenkrämpfen ein Bild in Orange, so entspannt sie dies so stark, dass die Schmerzen vergehen, ohne dass sie ein Mittel einnehmen muss.

Das Komplementär Blau

Die Ursache für Krämpfe im Unterleib liegt sehr oft in dem nicht ausgesprochenen Wort »nein«. Alles sagen zu können und es sich zu erlauben, ist Ausdruck eines energiestarken Hals-Chakras, das wiederum mit Blau schwingt. Was hat nun der Hals mit dem Unterleib zu tun? Das Gleiche wie Orange mit Blau. Der Körper hat sich ein Organ ausgewählt, mit dessen Hilfe uns am deutlichsten gesagt werden kann: »Schau hin.« Wenn sich ein Mensch im Kindesalter immer »klein machen«, sich selbst verstecken und verleugnen musste, hat es als Kind nur die Möglichkeit, diesen Schmerz durch Schreien auszuagieren. Ist das nicht möglich, so überträgt sich das Drama des »Zusammenziehens« im Erwachsenenalter auf ein Organ, das sich für diesen Menschen ersatzweise zusammenzieht. Wurde die kindliche Situation als lebensbedrohend empfunden, verlagert sich das Krampfen später genau in das Zentrum für Lebensfluss, den Unterleib bzw. das 2. Chakra. Für Frauen bedeutet das »in der Regel« die Gebärmutter.

Die Auseinandersetzung mit Orange

Ein stark leuchtendes Orange drückt Jugendlichkeit und Extrovertiertheit aus. Wird die Farbe etwas gedeckter getragen, vermittelt sie Wärme und natürliche Erotik. Den meisten Menschen ist die Farbe als Kleidung zu laut.

Abgelehnt wird Orange, wenn die Tendenz besteht, Dinge und

Menschen »festzuhalten«, anstatt ihnen Zeit und Raum zu geben, sich selbst zu entwickeln. Auch in der Sexualität gibt es bei einer Aversion häufig Probleme, denn so richtig erotisch und mit Hingabe wird sie nicht erlebt, sondern eher »kontrolliert« und »organisiert«. Die Farbe Orange symbolisiert das Gegenteil von Ordnung und Kontrolle. Foto: Eigenes

Auch ich wollte vor Jahren alle Farben meiner Frühlings-Palette tragen, außer - mit strikter Ablehnung - Orange. Zu dieser Zeit hatte ich erhebliche Unterleibsprobleme. Mein Gynäkologe

meinte, dass dafür mein »berufsbedingter Stress« verantwortlich sei. Heute weiß ich es besser. Das »zufällige« Malen eines Bildes in verschiedenen Orangetönen ließ meine Schmerzen verschwinden. Der zaghafte Versuch, die Farbe nun auch als Kleidung an meinen Körper zu lassen, stürzte mich jedoch in ungeahnten Aufruhr. Tiefe ungeheilte Wunden verlangten nach Klärung, Läuterung und Erlösung. Ich trug mit Absicht hauptsächlich Orange, was die Konfrontation mit dem Problem intensivierte. Außerdem gab ich mir damit die Schwingung und Energie für das 2. Chakra. Dieser Bereich war vorher für mich einfach nicht mehr fühlbar. So unwahrscheinlich es klingen mag - es ist manchmal leichter, sich über Schmerzen und Arbeit zu definieren, als in Frieden im Einklang mit allen Menschen und sich selbst zu leben. Heute liebe ich Orange, nutze diese Kraft und gefalle mir darin. Wann immer ich trotzdem beim morgendlichen »Checkup« am Kleiderschrank Abwehr gegen die Farbe empfinde, weiß ich, dass es an der Zeit ist, mir Ruhe zu geben und mal wieder an das Genießen zu denken.

Bei Männern hat die Antipathie gegen Orange andere Gründe. Oft ist es die Schwierigkeit, Kreativität zu entfalten. Die Angst, die Idee von etwas »Neuem« anzuerkennen, verhindert die Fähigkeit, der Idee Gestalt zu geben. Ebenso wie in der Schwangerschaft ein neuer Mensch in einer Frau entsteht, haben wir alle die Möglichkeit, einer neuen Idee Leben zu geben. Dieses Prinzip hat für Frauen, die keine eigenen Kinder haben wollen oder können, die gleiche Relevanz wie für Männer. Das ist es, was dem Thema Orange innewohnt: etwas, was in mir wächst, Leben zu geben. Ob es eigene Ideen sind, die Beziehung zu anderen Menschen oder ein Kind. Alles braucht seine eigene Zeit. Es geht darum, dem Fluss des Lebens diesen Raum und Zeit zu geben.

In dem Maß, in dem von Stress gesprochen wird, könnten wir auch von »permanenten Eingriffen in unseren Lebensfluss« sprechen. Wann immer wir dirigierend eingreifen, verzögern wir die Chance, uns dem Fluss unseres Daseins hinzugeben. Der Begriff »Stress« gaukelt Druck von außen vor, der real nicht existiert. Stress ist immer das Resultat eigener Überaktionen. Die Farbe Orange ist dann nicht auszuhalten, weil sie zu noch mehr Leistung anspornt. Einem Menschen, der sich im (relativen) Gleichgewicht befindet, kann dieses Stimulans willkommen sein, damit das innere Pendel einmal etwas weiter ausschlagen kann. Menschen unter Stress sind gemeinhin so weit von sich selbst entfernt, dass sie nicht mehr die geringste Ahnung von dem Wert innerer Stille entwickeln können. Der einzige Lichtblick und gleichfalls Ausweg scheint der Urlaub zu sein. Solche Art der Lebensführung wird meist früher oder später mit Krankheit bezahlt. Die Auseinandersetzung mit der Ablehnung der Farbe Orange kann die erste Brücke zum Erkennen der Gründe für dieses - von sich entfremdete - Leben sein.

Spezielle Farbanwendungen

- Orange Unterwäsche bei der allmonatlichen Menstruation hilft, die Muskulatur zu entspannen. Male ein Bild in unterschiedlichen Orangetönen, wenn du Unterleibskrämpfe hast, und du kannst erleben, wie dein gesamter Unterleib mit Wärme durchflutet wird. Auch nach einer Unterleibsoperation unterstützt das Malen den Heilungsprozess sehr stark.
- Orangen auf dem Frühstückstisch oder frische orangefarbene Blumen aktivieren die Lebensgeister schon am Morgen.
- Leidest du an depressiven Stimmungen, dann trage anstatt Schwarz orange Kleidung (zusammen mit Gelb) am Oberkörper. Die Depressionen können sich nicht halten, weil Orange die Farbe des Lebensmotors ist.

Musik:
Arabische Klänge, Bauchtanz-Musik

Speisen:
Orangen, Mandarinen, Nektarinen, Mangos, Melonen, Papayas, Aprikosen, Datteln, Karotten, Kürbisse, süße Kartoffeln

Fragen an das eigene Orange

Befindet sich mein Leben im Fluss?
Muss ich so viel leisten, wie ich es tue?
Will ich empfangen, annehmen, aufnehmen?
Will ich gebären, Existenz geben, kreativ sein?
Bin ich bereit, mich wirklich hinzugeben und Kontrolle aufzugeben?
Liebe ich die erotische Ausstrahlung meines Körpers?

Gelb – die Strahlkraft

Gelb steht symbolisch für Sonne und Licht. Manchmal entsteht bei der Konfrontation mit der Farbe die Angst, sie könnte die Kraft haben, die verdunkelten Seiten und unbewussten Anteile der Psyche zu »erhellen«, sodass sie an die Oberfläche kommen. Dann wird Gelb als unangenehm, grell und zu hell wahrgenommen. Menschen, die so empfinden, bevorzugen in ihrer Kleidung Dunkelblau, Schwarz und Weiß. Weiß als Stoff ist zwar noch heller, hat aber eine völlig andere Wirkung auf unsere Psyche. Mit Weiß wird das Thema der Reinheit angesprochen, mit Gelb das innere Licht oder Leuchten.

Die organische Ebene
Foto: Eigenes

Obwohl Gelb von vielen Menschen als Kleidungsfarbe abgelehnt wird, ist es eine Farbe, die für die meisten unserer Organe

heilende Wirkung hat. Sie »erleuchtet« verhärtete Strukturen und löst sie damit auf. Sie wirkt deshalb auch wohltuend bei Arthritis und Arthrose, wenn die Gelenkknorpel noch nicht zerstört sind. Wie die Sonne ist sie der »große Heiler« bei Rheuma. Im Gürtelbereich können wir bei Beschwerden des Pankreas (Diabetes), des Magens, der Leber, Galle, der Nieren und des oberen Darmbereichs mit Gelb arbeiten. Die Farbe löst auch alle Verhärtungen im Darm. Gelb fördert die Verdauung und steigert dadurch auch den Appetit. Sollten also Gewichtsprobleme bestehen, so ist es angeraten, die Farbe nur zu tragen, wenn man sich mit dem dahinterliegenden Problem auseinandersetzen will. Geschieht dies nicht, regt der Kontakt mit Gelb nur den Appetit an und verstärkt das Problem, da man noch mehr zunimmt. Erfolgt jedoch eine Auseinandersetzung mit dem Prinzip, welches mit dem gelben Bereich einhergeht, so kann die Farbe zur Heilung, d.h. letzten Endes auch zur Gewichtsreduktion, genutzt werden. Dennoch ist es angeraten, sich Gelb nur langsam zu nähern, wenn Blockaden gegen die Farbe bestehen. Die Angst davor, Licht in das Dunkel der Psyche zu lassen, kann dazu führen, sich massiv zu verschließen.

Das Komplementär Violett

Gelb als die Farbe, die erhellt, hat als Komplementär die Farbe der Erleuchtung: Violett. Beide brauchen einander, um zum Ganzen zu werden. Das Yin/Yang-Symbol kann ich mir nicht besser als durch diese beiden Farben ausgedrückt vorstellen. Wenn wir die eine Farbe ansehen, realisiert sich die andere vor unserem geistigen inneren Auge. Verschließen wir vor dem einen die Augen, so sehen wir das andere. Beide sind gleich und ihr Gegenteil.

Die Auseinandersetzung mit Gelb

Gelb wird gerne von Menschen getragen, die ein heiteres und sonniges Gemüt haben. Genauso häufig wird es von Menschen mit den gleichen Charakterzügen aber auch abgelehnt. Von Gelb in der Kleidung halten viele Abstand, obwohl die Farbe der Heiler für die meisten körperlichen Probleme ist.

Abgelehnt wird Gelb ganz massiv bei Ängsten und Depression.

Dabei kann die Farbe gerade dagegen Wunder wirken. Auch wird die Farbe abgelehnt, wenn die Balance zwischen Geben und Nehmen nicht stimmt.

Gelb ist eine der Farben, gegen die in meinen Seminaren, wie draußen im Leben auch, große Widerstände bestehen. Ausdrücke wie »nichts mit der Farbe anfangen zu können« bis hin zu »völlig angewidert von ihr zu sein«, sind die Regel. Erst beim Malen stellt sich langsam Entspannung und ein Wohlgefühl ein, obgleich es sehr schwierig ist, Nuancierungen in das Gelb zu bringen. Fast immer ist es eine Sonne, die auf dem Bild erscheint. Gelb ist in der seelischen Qualität die Farbe der Balance zwischen Geben und Nehmen. Eine wichtige Variante beim Geben und Nehmen ist das »Loslassen«. Dies können alte Vorstellungen, erschöpfte Gefühle oder auch Menschen sein. Bei der Gelb-Aversion geht es am meisten darum, nicht »loslassen« zu können. »Ich gebe und gebe und gebe - und bekomme nichts zurück«, höre ich immer wieder, wenn es um die »Gelb-Übung« geht.

Foto unten: 123rf

Es scheint in vielen Menschen die grundsätzliche Selbsteinschätzung vorzuherrschen, dass sie mehr geben, als sie bekommen. Hier müssen wir uns fragen, ob dieser Eindruck der Realität entspricht. Könnten wir wirklich im Übermaß geben, wenn die Balance nicht stimmte und wir nichts nehmen oder erhalten würden? Warum auch sollten wir beim Geben etwas zurückbekommen? Alles, was wir geben, sollte der andere auch behalten und in seinem Sinne nutzen dürfen. Wir können nicht erwarten, etwas zu bekommen. Aber wir können lernen, ohne Bedingungen zu geben und uns von demjenigen das zu holen, was wir von ihm wollen oder brauchen. Bleibt dies ohne Erfolg, sollten wir aufhören, uns zu bemühen, und ihn loslassen. Erst durch das »Hergeben« geben wir wirklich. Sonst sind es doch nur unsere eigenen Vorstellungen, die vom anderen erfüllt werden sollen. Lesen Sie hierzu auch am Schluss die Zeilen von Khalil Gibran.

Spezielle Farbanwendungen

- Lege beim Sitzen ein gelbes Tuch auf die an Rheuma oder Arthrose erkrankten Gelenke, und benutze zusätzlich gelbe Handtücher.
- In einer Situation, in der du das Gefühl oder die Angst hast, angegriffen zu werden, atme mit der ganzen Kraft deiner Vorstellung aus dem Solarplexus heraus die Farbe Gelb aus. Lass das Gelb richtig aus dir herausströmen, wie eine strahlende Sonne. Du wirst feststellen, dass man einen Bogen um dich herum macht. Du wirst nicht attackiert. Es ist, als seisst du durchsichtig.
- Im Winter dreh' - wenn es draußen richtig düster ist - eine gelbe 100 Watt-Birne in deine Lampe. Das hilft gegen die »Winterdepression« und nebenbei gegen alle Beschwerden im Magen-Darm-Bereich.
- Allerdings bekommt man von Gelb auch Appetit. Dagegen

hilft wiederum, dass du dir sofort bewusst machst, dass du wegen der gelben Farbe Appetit bekommen hast und nicht wirklich hungrig bist.

Musik:
Harmonische Musik, weiche Stimmen (z. B. Laurie Anderson: »Strange Angels«)

Speisen:
Mirabellen, Ananas, Zitronen, Grapefruit, Äpfel, Pfirsiche, Honigmelonen, Bananen, gelber Paprika, Mais, Eidotter

Fragen an das eigene Gelb

Kann ich nehmen, ohne zu warten, bis man mir gibt?
Nehme ich genauso viel, wie ich gebe?
Gebe ich bedingungslos?
Bin ich anderen Menschen gegenüber offen?
Nehme ich »Fremdes« an?
Bin ich gern freigiebig?

Vom Geben von Khalil Gibran:

»Dann sagte ein reicher Mann: Sprich uns vom Geben.
Und er antwortete:
Ihr gebt nur wenig, wenn ihr von eurem Besitz gebt. Erst wenn ihr von euch selber gebt, gebt ihr wahrhaft. Denn was ist euer Besitz anderes als etwas, das ihr bewahrt und bewacht aus Angst, dass ihr es morgen brauchen könntet?
Und morgen, was wird das Morgen dem übervorsichtigen Hund bringen, der Knochen im spurlosen Sand vergräbt, wenn er den Pilgern zur heiligen Stadt folgt?
Und was ist die Angst vor der Not anderes als Not? Ist nicht Angst vor Durst, wenn der Brunnen voll ist, der Durst, der unlöschbar ist?
Es gibt jene, die von dem vielen, das sie haben, wenig geben -
und sie geben um der Anerkennung willen, und ihr verborgener Wunsch verdirbt ihre Gaben.
Und es gibt jene, die wenig haben und alles geben. Das sind die, die an das Leben und die Fülle des Lebens glauben, und ihr Beutel ist nie leer.
Es gibt jene, die mit Freude geben, und die Freude ist ihr Lohn.
Und es gibt jene, die geben und keinen Schmerz beim Geben kennen: Weder suchen sie Freude dabei, noch geben sie um der Tugend willen; sie geben, wie im Tal dort drüben die Myrte ihren Duft verströmt.
Durch ihre Hände spricht Gott, und aus ihren Augen lächelt Er auf die Erde.
Es ist gut, zu geben, wenn man gebeten wird, aber besser ist es, wenn man ungebeten gibt, aus Verständnis; und für den Freigebigen ist die Suche nach einem, der empfangen soll, eine
größere Freude als das Geben.
Und gibt es etwas, das ihr zurückhalten werdet?
Alles, was ihr habt, wird eines Tages gegeben werden; daher gebt jetzt, dass die Zeit des Gebens eure ist und nicht die eurer Erben.
Ihr sagt oft: »Ich würde geben, aber nur dem, der es verdient.«
Die Bäume in eurem Obstgarten reden nicht so, und auch nicht die Herden auf euren Weiden.
Sie geben, damit sie leben dürfen, denn zurückhalten heißt zugrunde gehen.«

Grün - Das Herz aller Dinge

Grün ist die ruhigste Farbe, »ein mit sich zufriedenes Element«, wie Kandinsky sagte. Die grünen Bilder, die in meinen Seminaren gemalt werden, sind auch meistens die schönsten. Es gibt selten Ablehnung, sich mit dieser Farbe zu beschäftigen. Und wenn doch, so geht diese fast immer einher mit der Ablehnung der eigenen Eltern. Beim Malen erscheint die Natur auf dem Papier in ihren unterschiedlichsten Grüntönen. Grün ist die innere Kraft allen Lebens und die Seele der Harmonie aller Existenzen. Goethe sagte es treffend in seinem *»Faust«*:

»Grau, teurer Freund, ist alle Theorie,
und grün des Lebens goldner Baum.«

Die organische Ebene

Foto: Eigenes

Grün ist eine Heilfarbe für alle Herzleiden, auch bei Liebeskummer. Das »gebrochene« Herz verlangt nach Grün. Da es die Grundfarbe der erblühten Natur ist, fällt es uns nicht schwer,

uns die grüne Farbschwingung aus der Natur zu holen. Energetisch ist das Blattgrün (Chlorophyll) der Pflanzen vergleichbar mit unserer eigenen inneren Strahlkraft (Photonenemission), die über die Farben unserer Aura sichtbar wird.

Menschen, die im Asphaltdschungel leben, erkranken in weit höherem Maße am Herzen als Dorfbewohner. In den Wintermonaten nivelliert sich dieser Unterschied wieder. Wir sollten deshalb nach Möglichkeit für Grünpflanzen in unserem Lebensbereich sorgen und grüne Speisen zu uns nehmen. Grün ist wichtig für das gesamte Nervensystem und harmonisiert uns körperlich und geistig. Es ist - neben Rosa und Gold - eine Farbe, die keine Kontraindikationen hat.

Für Hildegard von Bingen*4) war die Grün-Kraft die »*ureigene Heilkraft Gottes*«, die sie »*Viriditas*« nannte. Soweit man ihre Lehre umsetzen kann, wird auch heute noch nach ihren Aufzeichnungen geheilt unter dem Begriff der »Hildegard-Medizin«. Grün-Kraft nennt sie alles, was im Zustand der Lebendigkeit ist: die Jugend, Sexualität, Lebensenergie, die Kraft in den Keimen, die Regenerationskraft und die Kreativität.

Das Komplementär Rot

Schlägt das Herz (Grün) durch das Blut (Rot), oder fließt das Blut durch das Schlagen des Herzens? Diese Frage ist immer wieder Gegenstand medizin-philosophischer Betrachtungen über den Menschen. Das eine bedingt das andere, wie auch in der Welt der Farben. So können wir sagen, dass - genauso wie es den »roten Beschwerden« an Herz mangelt - für die »grünen Leiden« die Power des Rot gut wäre.

Denken wir an organische Herzleiden, so hat das Organ nicht mehr die nötige Kraft, ausreichend Blut in der richtigen Geschwindigkeit durch die Venen zu pumpen.

Auseinandersetzung mit Grün

Grün findet Zugang zum Herz-Chakra. Das Herz ist das Organ der Liebe, und somit ist Grün der farbliche Ausdruck unserer Liebeskraft. In den seltenen Fällen, in denen Grün abgelehnt wird, bestehen große Schwierigkeiten, Liebe für die eigene Person aufzubringen. Tatsächlich werde ich oft gefragt, was es heißen soll, »sich selbst zu Lieben«. Ist es nicht interessant, dass der Begriff der Liebe offenbar entweder dem Bereich der Sexualität zugeordnet wird oder ausschließlich als Gefühl für andere Menschen denkbar ist?

Foto: Eigenes

Wir sollten uns fragen, ob wir andere wirklich lieben können, wenn wir uns selbst nicht lieben. Wenn wir mit uns selbst nicht vorsichtig umgehen, wenn wir es uns nicht gut gehen lassen und wir uns selbst nicht behüten. All dies bedeutet, sich selbst zu lieben. Kennen wir unsere eigenen Grenzen der Verletzbarkeit?

Hildegard von Bingen hat an dieser Stelle ihren Rat so wunderbar ausgedrückt:

»Halte deinen Tempel mit Umsicht in Ordnung,
damit jene Grünheit, mit der du Gott in Liebe umfängst,
nicht Schaden nehme.«"

Spezielle Farbanwendungen

- Sorge für Grünpflanzen in deiner Wohnung.
- Genieße täglich das Grün der Natur, oder geh' im Winter öfter mal in ein Gewächshaus. Dort kannst du etwas von der »Grünkraft«, die uns in den kalten Monaten fehlt, auftanken.
- Das kräftige Grün der Weihnachtsbäume hilft uns ebenfalls, über den Winter hinwegzukommen.
- Wenn möglich, nimm das Grün alter Kirchenfenster (wie in der Kathedrale von Chartres) in dir auf, da diese in den meisten Fällen außerdem noch Gold als Färbemittel enthalten. Früher haben die Gestalter der Kirchenfenster zur Herstellung von Grün Blattgold mit verwendet, um die grüne Strahlung zu verstärken. Wie wir aus der Farbheilung wissen, wirken beide Kräfte vereint harmonisierend auf das Herz.

Musik:
»Ave Maria«, »Samson und Dalila«, »Madame Butterfly«, Händels »Messias«, »Wiener Walzer«

Speisen:
Äpfel, Birnen, Limonen, Kiwis, Weintrauben, Avocados, Blattsalat, Broccoli, Bohnen, Erbsen, grüner Paprika, Spinat, Zucchini, Kohl, Artischocken, Mangold, Oliven, frische Kräuter

Fragen an das eigene Grün

Spüre ich die Energie der Liebe in mir?
Nehme ich mich selbst an?
Strebe ich nach innerer Harmonie?
Achte ich auf meine Grenzen?
Kann ich mir und anderen vergeben?

Türkis - der Hüter des Hauses

Türkis wird oft – mehr als Blau - als »sehr kalt« empfunden, obgleich Türkis erst durch den Gelbanteil (warm) im hellen Blau zu seiner Farbe wird und dadurch rein theoretisch natürlich »wärmer« ist als Blau. Wir reagieren jedoch psychisch auf den Charakter der Farbe. Türkis ist die Farbe der antiseptischen Reinheit. Der Ausdruck »klinisch clean« trifft auf sie zu. Sie hat etwas Unantastbares, wehrt als »Farbe der Abwehr« das Gegenüber ab.

Die organische Ebene

Der türkisfarbige Bereich ist dort, wo die Thymusdrüse sitzt. Diese Stelle ist bei jedem etwas anders platziert. Wenn wir das Wort »Ich« sagen und dabei mit dem Zeigefinger auf unsere Brust deuten, zeigen wir genau auf die Stelle, wo unser Thymus liegt.
Foto: 123rf

Die Thymusdrüse ist zwar nicht direkt einem Chakra zugeordnet, hat aber als die Farbe Türkis einen wichtigen Platz im Immunsystem eines Menschen eingenommen. Deshalb gehört sie für mich unbedingt in unser Heilungs-Repertoire. Diese Drüse ist maßgeblich verantwortlich für ein gut funktionierendes Immunsystem. In ihr werden die T-Lymphozyten produziert. Zusammen mit den B-Lymphozyten, die im Darmkanal ausreifen, gehören sie zu den weißen Blutkörperchen. Sie haben für uns physischen Schutzcharakter. Die fortwährend ablaufenden Immunreaktionen in unserem Organismus machen uns unempfindlich gegen eindringende Erreger und Toxine. Fremdstoffe (wie Eiweiß) und fremde Zellen werden abgewehrt und vernichtet.

Ist die Abwehr geschwächt, können sich beispielsweise Allergien bilden. Türkis wird bei Allergien und häufig auftretenden Erkältungskrankheiten meist abgelehnt, zu tragen. Leidet ein Mensch unter einer Allergie, so erhebt sich die Frage, ob er sich gegen den Einfluss, in dem er lebt, nicht anders wehren kann als über eine »Abwehr-Krankheit«. Sicher ist es bei schweren Erkrankungen nicht allein ausreichend, einen türkisfarbenen Pulli oder ein Tuch in dieser Farbe zu tragen. Ich konnte jedoch feststellen, dass Menschen mit Abwehrschwäche die Schwingung dieser Farbe spürbar hilft, sich zu stärken. Häufige grippale Infekte können mit der Farbe genauso ferngehalten werden wie Einflüsse, vor denen man sich schützen will. Die Farbe wirkt auch antiseptisch, weshalb sie bei Akne am Oberkörper getragen werden sollte.

Auseinandersetzung mit Türkis

Wenn man sich im Alltag gegen die Anforderungen anderer nicht behauptet, kann dies zu Verbitterung und Misstrauen führen. Der Weg zur eigenen Mitte wird dann schwierig und erst recht das Durchsetzen eigener Vorstellungen. Die Anwendung der Farbe hilft, sich zu wehren und »nein« zu sagen. Wird die Farbe in der Kleidung getragen oder wird mit ihr gemalt, reagiert man zuerst reserviert auf sie. Später gelingt dann die Konzentration auf die eigenen Bedürfnisse. »Sich zu wehren«, klingt wie eine Kampfansage. Wehren kann aber wichtig werden, um »bei sich bleiben« zu können. Viel Stärke und Sicherheit sind nötig, um sich mit seinem ganzen Sein nach außen hin zu öffnen. Wenn wir einfach annehmen, wer und was wir sind, erlangen wir Kraft und Sicherheit. Türkis-Ablehnern fällt diese Sichtweise schwer.

Sie machen sich oft zum Spielball der Meinungen anderer. Kein Mensch hat jedoch das Recht, an einem anderen herumzudoktern. Ich denke, viele von uns wissen, dass es leichter ist, andere »verdrehen« zu wollen, als sich von ihnen wegzudrehen.

Spezielle Farbanwendungen

- Besonders empfehlen kann ich das Tragen eines Türkis-Steins direkt auf dem - oder in der Nähe des - Thymus. Es ist gleich, ob im Stein mehr Gelb- oder mehr Blauanteile sind. Die Native Indians schützen sich ebenfalls mit diesem Stein gegen negative Einflüsse und Krankheiten.
- Wickel bei allergischen Reaktionen die betroffenen Hautstellen in ein türkisfarbenes Seidentuch. Am besten ist es, wenn du dich damit zudem noch für kurze Zeit in die Sonne setzt (nicht bei Sonnenallergie).
- Kleidung in Türkis hilft, sich abzugrenzen. Man wirkt darin allerdings eher kühl und abgegrenzt, was manchmal heilsam sein kann.

Foto vom Türkis-Stein: 123rf

Musik:
Reine »Abwehr«-Musik, ist selten. Sie ist sehr aggressiv. Beispiele kenne ich nur aus der Punkszene und dem frühen HipHop: Sabrina Setlur »Ich geh meine eig'nen Wege« oder EMINEM »That's My Way«).

Fragen an das eigene Türkis

Kann ich fremde, für mich ungünstige, Einflüsse spüren?
Verhalte ich mich bereitwillig entsprechend den Meinungen anderer?
Wie schütze ich mich?
Kann ich andere beschützen?
Bin ich hellwach und aufmerksam?

Blau - Unendlich weit und tief

Blau als »Himmelsfarbe« ist Sinnbild für Weite und Freiheit. Blau wird dem Himmel im religiösen Sinn zugeordnet. Es ist aber auch die Farbe des Meeres und damit Symbol für Tiefe und Ernsthaftigkeit. Blau symbolisiert die Sehnsucht und ist die Farbe der Träume. Das helle Blau hat etwas Leichtes, Beglückendes, Träumerisches und führt nach außen und nach oben. Wird es dunkler, geht es weiter nach innen. Yves Klein sagt über Blau: *»Hinter dem Blau ist mehr, als das Auge trifft«* und: *»Das Blut der Sensibilität ist Blau.«* Er wurde als der Maler bekannt, der das ultimative Blau fand.

Interessanterweise haben nur 7 % aller blühenden Pflanzen die Farbe Blau und dies meist auch nur diejenigen, die in hochgelegenen Gebieten blühen.
Foto: Eigenes

Die organische Ebene

Beim Betrachten von Blau tritt auf der organischen Ebene vegetative Beruhigung ein. Blau wirkt entspannend, beruhigend und klärend. Der Herzschlag verringert sich, ebenso senkt sich der Blutdruck. Blau drängt das Blut gewissermaßen von einer Hyperaktivität zurück in »low motions«. Mit Blau wird die Atmung gleichmäßig und tief. Es verhilft dem Körper zum Ruhezustand. Die ganze Physis wird auf Erholung eingestellt. Deshalb können wir mit Blau auch leichter einschlafen und ruhiger durchschlafen.

Wenn Aufregung oder Erregung erwartet wird, hilft es, einfach ein blaues Kleidungsstück zu tragen, um die »Wogen zu glätten«. Es beruhigt nicht nur sich selbst, sondern auch das Gegenüber. Bist du jedoch müde und erschöpft, solltest du auf Blau verzichten.

Couperose und Akne pulsieren unter Einfluss von Blau nicht mehr so stark. Bei Akne verringert die Farbe sogar die Entzündlichkeit. Überhaupt wirkt Blau gegen jede Art von Entzündungen, besonders jedoch im Hals- und Kopfbereich. Je stärker sie sind, desto dunkleres Blau sollte zur Anwendung kommen. Das dunkle Indigoblau, das immer auch eine Spur Violett enthält, fördert die Heilung am stärksten. Mache die Verwendung der Farbe von der Stärke der Beschwerden abhängig!

Das Komplementär Orange

Orange erhält besondere Aufmerksamkeit als Ausdrucksfarbe für »hohe Leistungen« bei der Schilddrüsen-Überfunktion, einer »blauen Krankheit«. Menschen, die unter dieser Erkrankung leiden, sind seelisch schon lange überfordert. Nicht nur der Körper befindet sich bei ihnen im Stresszustand, sondern auch die Seele. Der Zusammenhang zwischen den beiden Komplementärfarben ist, dass Stress als »orange Krankheit« die Ursache für das Krankheitsbild sein kann, das sich im blauen Bereich zeigt. Es ist erstaunlich, dass diese »Störung« überwiegend Frauen betrifft. Es kommt hinzu, dass Orange die Frauenfarbe Nummer Eins ist.

Frauen mit Schilddrüsen-Problemen erlauben sich nicht, zu sein, wer sie sind. Ihr Anspruch an sich selbst ist sehr hoch. Sie haben keinen freien Zugang zu ihren Bedürfnissen und Grenzen. Das Idealbild, das sie von sich geschaffen haben, lässt Ähnlichkeit mit ihrem wahren Wesen vermissen und sie können diesem Bild nicht gerecht werden.

Auseinandersetzung mit Blau

Trotz der positiven Symbolkraft und beruhigenden Wirkung von Blau transportiert die Auseinandersetzung mit der Farbe eine weite Palette unangenehmer Gefühle an die Oberfläche, wenn die Prinzipien der Farbe nicht gelebt wurden oder gelebt werden können. Das bloße Auflegen eines blauen Tuches kann dann zu heftigsten Reaktionen führen. Es können Atemnot und asthmatische Anfälle auftreten. Plötzliche Weinkrämpfe sind ebenfalls keine Seltenheit. Für die Beteiligten ist es erst einmal unfassbar, dass sie so stark auf »einfach nur« die Farbe Blau reagieren. Aber es ist eben niemals einfach nur die Farbe, die wirkt. Ich brauche nur zu fragen, ob es etwas gibt, was die Person unbedingt sagen möchte, aber zurückhält. Sofort wird ihr klar, worum es geht, und die Ursache für ihre Verfassung kann ihr bewusst werden. Vielen Menschen bleibt in den unterschiedlichsten Situationen einfach »die Luft« oder »die Sprache weg«. Foto: 123rf

Im Beruf, beim Vorgesetzten, in der Partnerschaft oder in der Kindheit zieht man es oft vor, an sich zu halten, statt zu schreien, etwas zu sagen oder in einem Gespräch zu einer Klärung

zu kommen. Gemeinsam mit Blau ist diese Selbstverleugnung gespeichert und kommt bei der Beschäftigung mit der Farbe an die Oberfläche.

Die Frage drängt sich für dich vielleicht auf: Warum passieren diese starken Farbreaktionen nicht auch im täglichen Leben, beispielsweise beim Kleiderkauf? Nun, Reaktionen geschehen, und zwar durch Ablehnung einer Farbe. Ruf dir in Erinnerung, wie heftig du manche Farben ablehnst oder abgelehnt hast. Der Unterschied zur Einkaufssituation liegt darin, dass bei intensiver Auseinandersetzung mit der Farbe deutlicher wird, dass es nicht das Kleidungsstück ist, das abgelehnt wird, sondern mit dessen Farbe ein tief liegendes Problem. Die Ursache für Antipathie gegen Blau kann auch fehlende innere Ruhe sein. Manchmal entsteht das Gefühl, dass mit Blau alle Kraft aus den Gliedern gezogen wird. Es ist eben auch eine kühle »Kopffarbe«, die »roten« und »orangen Persönlichkeiten« oft einfach zu introvertiert ist. Dabei wäre dieser ruhige Ausgleich gerade für sie hilfreich.

Dunkelblau ist bei der Kleidung die Farbe, die für Vertrauen und Sicherheit steht. Sie ist »das Kleid der Anpassung« und ist deshalb auch im Business die beste »Tarnfarbe«. Abgelehnt wird Blau - auch hier wieder speziell das Dunkelblau - besonders von Menschen, die glauben, darin zu brav und spießig zu wirken. Auch wenn Dinge anstehen, die sprachlich gelöst werden sollten, wird Blau so lange abgelehnt, bis die Aussprache gelingt.

Spezielle Farbanwendungen

- Solltest du hohen Blutdruck haben, wird er mit Blau gesenkt.
- Bei Halsschmerzen sollte ein blauer Schal (Tuch) getragen werden.
- Akne reduziert sich durch Blaulicht.

- Blaue Bettwäsche entspannt und beruhigt, hilft gegen Einschlaf- und Durchschlafschwierigkeiten.
- Um die Nerven zu beruhigen, lege dir (mit offenen Augen) ca. 10 Minuten ein blaues Tuch über den Kopf. So kannst du auch Zahnschmerzen beruhigen.
- Schaue so oft wie möglich in das ferne Blau des Himmels. Es beruhigt, schafft Weite im Geist und entspannt die Augen.
- Wenn du einen Vortrag halten willst, sorge für blaue Gegenstände in deiner Nähe. Es hilft dir, dich besser auszudrücken und zu konzentrieren.

Musik:
Obertonmusik, Vokalgesang in hoher Tonlage.

Musik des Indigo:
Klänge mit heilender Harmonie, sphärische Klänge

Blaue und Indigo-Speisen:
Heidelbeeren, Brombeeren, schwarze Johannisbeeren, Pflaumen, Feigen, blaue Weintrauben, Holunder, Auberginen, schwarze Oliven

Fragen an das eigene Blau

Bin ich klar in meinen Worten?
Strahle ich Ruhe aus?
Bin ich ein guter Zuhörer?
Kann ich schweigen?
Sage ich die Wahrheit?

Violett - Die Vereinigung

Violett gilt als »hohe« Farbe und diente - ob im Hinduismus oder in der katholischen Kirche – als farbliches Symbol für die Verbindung zu Gott. Sie gilt als Vereinigungsfarbe zwischen dem warmen Rot (1. Chakra) und dem kalten Blau (6. Chakra) und wurde deshalb auch Ausdruck für die Vereinigung von Gegenpolen, wie oben/unten, geistig/ körperlich, himmlisch/irdisch, außen/innen.

Violett hat viele Varianten, die jeweils eigene Namen tragen. Durch Erhöhung des Rotwertes erhalten wir ein Purpur oder Magenta. Durch Verstärkung des Blauwertes plus Weiß wird es zu Lila oder Flieder. Lassen wir es dunkler werden, nähert es sich der Farbe Indigo.

Die organische Ebene

Mit den kürzesten Wellen hat Violett die Kraft, sogar auf die Zellstruktur einzuwirken. Dies ist aber nur möglich, wenn die Farbe aus einer Lichtquelle kommt - etwa mit einem Farblichtgerät. Erstaunliche Erfolge werden damit bei Cellulite erreicht. Unter-

stützend wirkt dabei auch die entwässernde Eigenschaft der Farbe. Besteht der Wunsch, abzunehmen, so wirkt Violett - egal, wie es angewendet wird - unterstützend bei der Gewichtsreduktion, weil die Farbe den Appetit hemmt. Foto: 123rf

48

Die psychische Ebene

Der Anwendungsbereich von Violett liegt weniger auf der körperlichen als auf der psychisch-geistigen Ebene. Die Farbe hilft, sich besser zu konzentrieren und sich auf sich selbst zu besinnen. Damit erleichtert sie auch den Prozess der Abnabelung bei einer Trennung. Achte jedoch darauf, die Farbe nicht zu lange zu tragen, weil die Gefahr besteht, anderen Menschen nicht mehr nahezukommen. Um von dieser Schwingung wieder wegzukommen, solltest du auf Rot wechseln.

Violett wird oft als Farbe bezeichnet, die den Zustand der Meditation erleichtern oder gar ermöglichen soll. Das kann ich nicht bestätigen. Ich denke, dass dieser Glaube entstand, weil die Farbe mit dem 7. Chakra korrespondiert, was mit höchster geistiger Entwicklung in Zusammenhang steht. Chakras sind jedoch gleichwertig. Es gibt keine Rangfolge im hierarchischen Sinn. Wenn unser Geist eine höhere Stufe der Entwicklung in der Meditation erreicht, sind wir bereit, »im Hier und Jetzt« auf dieser Erde zu leben. Wir brauchen für unser geistiges Wachstum alle anderen Farben mindestens ebenso nötig wie Violett, wenn nicht gar nötiger.

Violett, zu Flieder aufgehellt, bekommt etwas sehr Leichtes, was uns ebenfalls leicht macht. Ist jemand bis hin zur sozialen Starrheit festgewurzelt, nimmt die Farbe dem Zustand die Schwere, und das Leben bekommt mehr Lebendigkeit. Umgekehrt ist bei fehlender Bodenständigkeit oder »Erdung« dringend von ihr abzuraten.

Das Komplementär Gelb

Der entgegengesetzte Pol der Farbe für Spiritualität und geistige Entwicklung ist Gelb, die Farbe der inneren Strahlkraft. Wenn wir unsere eigene innere Sonne (Gelb) scheinen lassen, sodass Liebe für alles und jeden in uns überströmt, erfahren wir die Göttlichkeit, die der Farbe Violett zugesprochen wird.

Auseinandersetzung mit Violett

Zwei Themen, die in der Kindheit und Pubertät problematisch waren, sind gemeinsam mit dieser Farbe »abgespeichert«. Das eine ist die Beschäftigung mit der Frage nach der eigenen möglichen Homosexualität, und das andere Thema ist der Zwang zur Religiosität, der in einigen Elternhäusern herrscht. Für viele Jugendliche beiderlei Geschlechts nimmt in einem bestimmten Alter die Anziehungskraft des eigenen Geschlechtes eine zentrale Stelle ein. In diesem Zusammenhang gemachte Erfahrungen können keineswegs immer positiv verarbeitet werden. Das führt zu verdrängten psychischen Anteilen, die später Ablehnung von Violett verursachen. Violett kann dann nur noch als Farbe der Homosexualität gesehen und muss dann natürlich abgelehnt werden.

Tatsächlich haben Homosexuelle (hauptsächlich Männer) eine Zeit lang Violett als »ihre Farbe« ausgewählt. Der militante Flügel der Frauenbewegung der siebziger Jahre hat Violett ebenfalls als »die Frauenfarbe« auserkoren. Auch sie hatten sich zu dieser Zeit mit ihren Interessen vorwiegend auf das eigene Geschlecht besonnen, zwar größtenteils kämpferisch gegen die Männer und nicht grundsätzlich homoerotisch. Violett hielt sich lange als Symbol der Abgrenzung und Kampfbereitschaft gegen das andere Geschlecht.

Wie schon gesagt, geht die Antipathie gegen Violett auch einher mit dem - in der Kindheit häufig erlebten - Zwang zur Religiosität. Der zwanghafte Glaube ist später nur schwer aufzulösen. Wir sind keine besseren Menschen, wenn Bilder von Jesus Christus,

 Buddha, OSHO oder Sai Baba unsere Zimmer zieren, und wir sind auch keine schlechteren, wenn sie fehlen. Ebenso wenig sind Meditation, Yoga und eine Edelsteinsammlung Indizien für spirituelles Leben. Den göttlichen Funken in sich selbst zu erkennen, ist eine ganz eigene Gotteserfahrung. Diese Art Religiosität hat nichts mit dem zu tun, was uns die »Kirchenväter« erzählen. Wir können vielleicht Christen oder »Erleuchtete« werden, wir können aber auch eins sein mit uns selbst und einfach sein, was wir sind. Es geht immer und überall darum, ob wir aus dem Herzen heraus handeln oder nicht.

Foto: Eigenes

Spezielle Farbanwendungen

- Violett wirkt konzentrationsfördernd und zügelt den Appetit.
- Zartes Violett - wie Flieder und Lila - im Wohnraum hebt den Geist auf eine feinere Schwingungsebene.
- In der Meditation, als violette Flamme vorgestellt, hilft sie dazu, in geistige Höhen zu gelangen, die so etwas wie Körperlosigkeit erfahrbar machen können.

Fragen an das eigene Violett

Habe ich das Vertrauen, »geführt" zu werden?
Kann ich Gott anerkennen?
Lebe ich selbstverantwortlich?
Was ist meine Lebensaufgabe?

Farben außerhalb des Spektralbereichs

Außerhalb des Spektralbereichs gibt es noch einige – als Heilkräfte erfahrbare - Farben, die aber stärker auf der psychischen
als auf der körperlichen Ebene wirken:

Braun - Die Wurzel des Lebens

Foto: Eigenes

Grundsätzlich kann ich sagen, dass mit keiner anderen Farbe
psychisch mehr abgespeichert und verdrängt wird als mit Braun.

Viele Menschen - be-
sonders Frauen - re-
agieren absolut ableh-
nend, wenn durch die
Farbtyp-Bestimmung
klar wird, dass sie ein
»Herbst« sind und
sich alle Braunvarian-
ten ideal für ihre Klei-
dung eignen. Dabei
ist Braun weder eine
»kranke « Farbe (als
die sie manchmal be-
zeichnet wird), noch

macht sie krank. Sie ist auch keine »schmutzige« Farbe, nur weil sie oft eine dunkle Tönung hat. Im Gegenteil: Sie ist eine sehr warme Farbe mit vielen gelben und roten Anteilen und außerdem - neben Grün und Blau - die Hauptfarbe unseres Planeten.

Tatsächlich hat es ein Braunton 2025 geschafft, die Wahl zur Farbe des Jahres des *Pantone Color Insitute* zu gewinnen: Das Braun PANTONE 17-1230 „Mocha Mousse"! Es ist ein warmer, satter Braunton mit einer besonderen Intensität, der an den Genuss von Kakao, Schokolade und Kaffee erinnert und - wie Pantone sagt - unser Bedürfnis nach Behaglichkeit anspricht.

Wir sind auf dieser Erde geboren, um mit beiden Beinen fest auf ihr zu stehen und nicht, um in den Himmel abzuheben. Die Urkraft unseres Seins beziehen wir von »unten« aus dem Braun und dem Rot. Das rote Chakra ist unser aller Anfang und unsere stete Lebensbasis. In diesem Bereich müssen wir uns mit der »harten Welt« auseinander setzen. Hier beginnen auch die Versöhnung mit unseren Einsichten und die Erlösung verschütteter Energien. Braun ist die Farbe von »Mutter Erde«. Das gesamte Erdreich, der Sand der Wüste und die Stämme und Äste der Bäume zeigen sich uns in unterschiedlichen Braunvarianten.

Die industrialisierte Welt hat jedoch schon seit Generationen den Bezug zur Erde verloren. Trotz alarmierender Berichte über die allmähliche Zerstörung unseres Planeten setzt unsere individuelle Erkenntnis nicht in dem Maße ein, wie es notwendig wäre, um den Planeten für uns zu retten und zu heilen.

Foto 123rf, Eine Schwitzhütte der Native Indians mit Feuerstelle

Die Ureinwohner Amerikas *5) sind als Volk die Einzigen auf der Erde, deren Hauptaufgabe es ist, ihr Leben so zu gestalten, dass weitere sieben (!) Generationen genauso gut leben können, wie sie selbst. Uns gelingt das nicht einmal für die Generation, der wir selbst angehören. Es gibt in Nord- und Lateinamerika Stämme, die heute noch keine Elektrizität und auch keine Wasserleitungen haben. Nicht etwa, weil sie derart rückständig wären, nein, weil sie überaus »fortschrittlich« leben.

Sie sagen: »Wenn ich das Wasser aus dem Fluss holen muss, achte ich darauf, dass er sauber bleibt. Wenn ich die Energien auf der Erde sparen will, lebe ich mit Licht und Finsternis der Natur.«

Die »Native Indians« haben keine Probleme mit der Farbe Braun. Sie ist auch heute noch ihre favorisierte Kleidungsfarbe. Die Aversion gegen Braun geht meist einher mit einer fehlenden Beziehung zur Natur und zur Natürlichkeit von sich selbst. Frauen entwickeln diese Antipathie, wenn Aspekte ihrer Weiblichkeit abgelehnt werden oder nicht zum Tragen kommen.

Das Thema »Mutter« drängt sich im Zusammenhang mit der Farbe immer wieder in den Vordergrund - ob es die eigene Frauen- und Mutterrolle ist oder die Beziehung zur leiblichen Mutter. Wenn der Mutterbegriff negativ besetzt ist, können wir immer von einer Blockade sprechen. Die Fruchtbarkeit der Frauen liegt in der Möglichkeit zur Mutterschaft. Damit will ich nicht sagen, dass Mutterschaft gleich gelebte Natur sei und Kinderlosigkeit widernatürlich. »Mutter« ist nicht nur ein Wort oder ein Begriff. Es ist das Geschöpf, welches sich bereit erklärt, uns das Leben zu geben, dessen wir hier auf Erden bedürfen, um unseren Weg gehen zu können.

Alle Frauen tragen dieses Potenzial in sich. Sie können – und sollten - selbst entscheiden, ob sie es körperlich nutzen oder ihre Gebärkraft für Visionen, Projekte u.a. einsetzen wollen. Wenn allerdings - aufgrund von Konventionen, Partner oder Eltern - über die Frau hinweg entschieden wird, ob sie schwanger sein darf bzw. soll oder nicht, führt das zu Verwundungen der weiblichen Psyche. Die Frau muss mit dem Potenzial, Kinder zu gebären, frei und selbst entscheidend umgehen können. Wird das boykottiert, entsteht eine Wunde in ihrem »braunen Thema«.

Die Auseinandersetzung mit dem Bild, sich als Mutter zu sehen, bleibt unerledigt. Ist die Wunde erst einmal verdeckt, wird die Farbe Braun künftig einfach abgelehnt. Das Problem bleibt dann unbearbeitet. Ein ähnliches Drama wird mit Braun an die Oberfläche transportiert, wenn die Erziehung des eigenen Kindes mit starken Schuldgefühlen belegt ist. Oft bleibt nach Jahren der Mutterschaft der Eindruck zurück, nicht genügend Zeit für das Kind aufgebracht zu haben, kein »gutes« Beispiel gewesen zu sein oder auch, kein Wunschkind aufgezogen zu haben.

Weinrot - das »beruhigte« Rot

Es ist ein tiefes, dunkles Rot, bei dem man mit ungeübtem Auge kaum zu erkennen vermag, ob es einen blauen Unterton hat oder ins Braun tendiert. In Farbberatungen ist es mit mehr Gelbanteil ein Weinrot für den Herbsttyp. Mit mehr Blauanteil steht es dem Sommer oder Mystic-Typ, je nachdem, wie hell es ist.

Es ist die Farbe der Blutkruste bei Verletzungen. Diese Farbe ist besonders kraftvoll, wenn es darum geht, frühere Verletzungen im Genital- und Unterleibsbereich auf der psychischen Ebene zu

behandeln. Auch bei psychischen Verwundungen durch Unter-
leibsoperationen wirkt sie tröstend. Für Meditationskissen eig-
net sich Weinrot (manche sagen Bordeaux) vortrefflich, weil
es beim »Sitzen« hilft, den Kontakt zur Erde zu bewahren. Die
Farbe befindet sich zwischen dem lauten Rot und dem erdigen
Braun und kann als Zwischenstation den Zugang zum Braun auf
der einen Seite und zum Rot auf der anderen Seite ermöglichen.

Weinrot kann auch als ein Rot betrachtet werden, das den
Kampf, der dem Primär-Rot innewohnt, »überwunden« hat.
Aus diesem Grund ist es auch eine unterstützende Farbe für die
Wechseljahre der Frauen und Männer. Es liegt eine tiefe Kraft in
der Farbe und auch sehr viel Ruhe.

Gold - Der Schutz der Sonne

Gold als Metall wirkt harmonisierend auf das Herz und ent-
krampfend. Jeder, der Gold tragen will, »braucht« es auch. Deshalb sollte sich wirklich niemand dieses Metall ausreden lassen.
Gold besitzt außerdem die Kraft starken Schutzes, wenn wir es
uns als Hülle über und um uns herum vorstellen. Ich benutze
diese Hülle gern, wenn ich in Kaufhäusern herumlaufe oder
mich in einer großen Menschenmenge aufhalte.

Ebenso können wir alte Muster, Vorstellungen und Dinge, von
denen wir nicht loskommen, mit Gold einfach durchtrennen.
Das geht so: Stelle dir eine goldene Schere vor, mit der du die
Gedanken und Verbindungen zu einem anderen Menschen einfach vor deinen Augen »durchschneidest«. Dies schadet dem
anderen kein bisschen, und du selbst machst dich von ihm frei.

Gold ist darüber hinaus auch ein Symbol für Reichtum und Fülle. Goldene Rahmen verstärken die Kraft des Bildes, das eingerahmt ist. Gold ist der Gegenpol zu Silber, wird der Sonnenkraft und dem Männlichen zugeordnet.

Silber - die Klarheit der Mondin

Silber ist die Verkörperung der Weiblichkeit, entspricht dem aufnehmenden Prinzip und wird dem Mond zugesprochen. Es hat als Farbe und als Metall die Kraft, klärend zu wirken, wenn wir Probleme haben, die uns wie ein Irrgarten umgeben. Silber »erhellt«, macht frei, leicht und weit. In diesem Sinne hat es, eher als Gold, dieselbe Wirkung wie Gelb. Daher können wir es als Ersatz für Gelb nutzen, wenn wir diese Farbe nicht tragen wollen. Allerdings fehlen dem Silber die Wärme und Sonnenkraft, die dem Gelb und Gold innewohnen. Für alle, die Schmuck tragen, empfehle ich beide Metalle, weil beide Energien für uns wichtig sind.

Rosa - die Zartheit der Elfen

Rosa ist nur stofflich und nicht als Licht herstellbar. Rosa ist in seiner Wirkung keinesfalls vergleichbar mit aufgehelltem Rot. Es ist die Farbe der Zartheit, die uns hilft, sensibler im Umgang mit uns selbst und anderen zu werden. Laute Menschen macht sie besonnener, grobe Menschen feiner. Sie wirkt Schuldgefühlen entgegen und hilft - wie der Rosenquarz - sich selbst zu lieben. Der Rosenquarz war früher ein recht uninteressanter Schmuckstein. Seit der Esoterik-Welle konnte man ihn oft als Rohstein in einschlägigen Läden finden. Zu Schmuck verarbeitet galt er jedoch als zu wenig wertvoll. Mit der Wende in das neue Jahrtausend rückt dieser zarte Edelstein mehr und mehr in das Blickfeld der Beliebtheit. Er macht am ausdrucksvollsten das Wesen der Farbe Rosa sichtbar.

Magenta - die »Erste Hilfe«

Magenta als eine der drei Grundfarben*6) in der Farbenlehre hat auf der Heilebene eine ähnliche Schwingung wie das »Rescue« *7) der Bach-Blüten*8). Eigentlich gehört ein Tuch in dieser Farbe in jede Reiseapotheke und in jedes Auto. Die Farbe hat auch die Kraft, Gedanken negativer Art abzuwehren. Der Unterschied zum Schutzcharakter von Türkis liegt darin, dass Magenta auf einer subtileren Ebene wirkt. Es bietet Schutz gegen Gedanken, die schneller und feinstofflicher sind als das Licht. Solltest du also einmal erfahren, dass es einen Menschen gibt, der »schlecht« über dich denkt oder redet, könntest du dich mit dieser Farbe dadurch, dass du sie dir vorstellst, vor ihm schützen. Foto unten: Eigenes

Willst du Magenta (Pink) nicht tragen, kannst du lernen, dir die Farbe geistig vorzustellen. Aura-Seher und -Leser sagen, dass Magenta die Farbe sei, die sich wie eine Eierschale als Hülle um alle Farben der Aura legt. Die Vorstellung, uns in einem magentafarbenen Ei zu befinden, gibt uns das Gefühl, sicher wie in »Abrahams Schoß« zu sein. Magenta ist - stärker als Violett - die Verbindung des warmen Rot mit dem kalten Blau und entsteht auch, wenn man Rot und Blau als Lichtfarben übereinander projiziert. Ich glaube, dass Magenta eine der beiden Farben der »Neuen Zeit« ist (die andere ist Türkis).

Weiß - die notwendige Leere

Weiß ist keine Farbe. Es ist das in Materie festgehaltene Erscheinungsbild vom Licht. Weiß hat nur als Licht optimale Heilkräfte, weil es alle Farben in sich birgt. In der Kleidung kann es die Abkehr vom Weltlichen und Körperlichen aussagen, es kann aber auch dazu dienlich sein, die innere Not (Chaos, Depressionen) zu »wenden«.

Wenn jemand seinem Idealbild nicht entspricht, hilft ihm Weiß dabei, um sein Thema herum zu kommen ohne es angehen zu müssen. Wenn wir gerne anders wären, als wir sind: wir trinken zu viel, wären gern intelligenter, anständiger, dünner, jünger etc. - beruhigt Weiß bei dem Selbstbetrug. Weiß kann dazu benutzt werden, sich selbst ein Idealbild seiner selbst vorzugaukeln. Weiß ist Ausdruck vermeintlicher Unschuld und Reinheit (wie die Brautkleider in unserem Kulturkreis).

Menschen, die sich gern in Weiß hüllen, verbergen damit oft ihre Schattenseiten. Meist sind sie von Schuldgefühlen geplagt, haben dauernd das Gefühl, sich reinigen und »entgiften« zu müssen, und leben mit strengen moralischen Vorstellungen. Natürlich demonstriert Weiß in der Kleidung auch immer etwas Adrettes, »Feines« und vermittelt zudem Ordnung und Sauberkeit. Der »weiße Kittel « der Ärzte soll Reinheit bis zur Sterilität repräsentieren. Selbst wenn er nicht zur beruflichen Pflichtkleidung gehört, wird er gern getragen, weil er Zugehörigkeit zu den »Göttern in Weiß« schafft. Dabei wäre Baumwollkleidung in anderen Farben ebenso leicht zu reinigen wie dieselbe Kleidung in Weiß. Jedoch muss man auch sagen, dass Weiß - bewusst genutzt - genau wie Silber hilft, klar im Kopf zu werden.

Schwarz - Uniform und Beistand

Bekanntlich ist Schwarz, wie Weiß, ebenfalls keine Farbe. Hinzu kommt, dass Schwarz alle anderen Farben »schluckt«, Das Absorbieren von Licht und Farben bezieht sich für Schwarz besonders auf die Heilkräfte anderer Farben. Zwar erscheint jede Farbe neben Schwarz leuchtender und intensiver. Dies ist aber ausschließlich ein visueller Eindruck. Ebenso wie Schwarz alles absorbiert, haben die Menschen, die viel Schwarz tragen, die gleiche Tendenz. Sie können dazu neigen, die lichten Kräfte anderer zu absorbieren. Ihre Persönlichkeitsstruktur ist häufig das »Insich-Aufnehmen«.

Schwarz ist die umstrittenste Farbe unserer Zeit. Sie hält Depressive in der Depression, Gewalttätige in der Aggression, ermöglicht aber auch Rückzug und Abgrenzung, was sehr oft fälschlicherweise als »Sicherheit« wahrgenommen wird. Dabei bildet Schwarz nichts anderes als eine Mauer oder Festung. Dahinter verborgen bleibt der »schwache« Mensch. Viele tragen Schwarz wie eine Uniform und demonstrieren damit ihre Zugehörigkeit zu der Gruppe der Kreativen, der Avantgarde und der »Zeitgeistigen«. Zum Glück wurde dieses Bild etwas aufgeweicht, seit Jean Paul Gaultier gewagt hat, apricotfarbene Herrenanzüge zu kreieren.

Wenn den Jugendlichen unserer Gesellschaft in einem bestimmten Alter Schwarz zum »Muss« wird, sollten wir dies als Ausdruck von Rebellion und Abgrenzung gegen gesellschaftliche und erzieherische Werte und Vorstellungen unbedingt akzeptieren. Es ist der Rückzug auf die Ebene von Verweigerung und Simplifizierung. In ihrer Clique gelten sie damit als »cool« und vermitteln Stärke. Das ist ein Weg, den Jugendliche gehen müssen, um zu den bunten, reichhaltigen Facetten ihrer Persönlichkeit zu gelangen.

Erwachsene, die immer noch Schwarz als Kleidung »brauchen«, haben die Kraft und Schönheit ihrer eigenen Individualität noch nicht recht erfahren können. Sie brauchen die Gruppenanlehnung sowie die Ausstrahlung von Härte und Mauern, um »bestehen« zu können. Foto: 123rf

Bis ich als Farbberaterin zum »Frühlingstyp« wurde, war mein Schrank ebenfalls fast ausschließlich mit schwarzer Kleidung gefüllt. Es war die Mauer, hinter der ich mich verbarg. In »das Bunte« zu gehen, war ein *salto mortale* in ein völlig neues Lebensgefühl. Das »Bunte« in uns - die Farben - bedeuten immer Vielfältigkeit und ein Bekenntnis zur eigenen Individualität. Die Grenzen der schwarzen Umhüllung aufzubrechen und »Farbe zu bekennen« ist in jedem Fall mit Erfahrungen verbunden, die Neuland bedeuten und erst einmal in »inneres Chaos« stürzen können.

»Farbbewusstsein ist eine Suche, ein Abenteuer.
Es bedeutet, sich zu verlieren,
Nur um sich erneut zu entdecken.«
Lilla Bek"!

Farben – die Instrumente unserer Persönlichkeit

Mit jedem ausgewählten Kleidungsstück zeigen wir eine Facette unserer Persönlichkeit – auch mit dessen Farbe. Wir gehen immer eine Symbiose mit den Farben unserer Kleidung ein. Die Farbe, die wir als Kleidungsstück ablehnen, ist die, mit der wir nicht »versöhnt« sind, und damit genau der Farbton, der uns »fehlt«. Oft unterscheiden Menschen zwischen ihren Kleidungsfarben und denen, die sie mögen - aber niemals tragen würden. Dabei sind gerade diese Farben dazu geeignet, unser Bewusstsein für das im Schatten (d.h. im Unbewussten) Verborgene zu öffnen.

Foto unten: Eigenes

Unsere sieben Sachen

Der wichtigste Punkt einer Ganzheitlichen Farbberatung ist: Solange bestimmte Farben bei der Bekleidung strikt abgelehnt werden, liegt der Verdacht nahe, dass bestimmte Gefühle, die mit diesen Farben im Zusammenhang stehen, nicht »hochkommen« dürfen und unerledigt sind.

Ist dieser Schatten »erhellt«, werden wir heil. Ein altes Sprichwort, das auf die Kabbala zurückgeht, sagt: *»Haben wir unsere sieben Sachen beisammen, so brauchen wir nichts mehr.«*

In diesem Satz steckt die ganze Weisheit über bewussten Umgang mit Farben. Wenn wir uns mit allen Farben der Chakren (gleiche wie der Regenbogen): Rot - Orange - Gelb - Grün - (Türkis) - Blau und Violett versöhnt haben, fehlt uns nichts mehr. Mit anderen

Worten, erst wenn wir alle Farben am Körper zulassen, sind unsere Blockaden, die mit ihnen auf gleicher Ebene schwingen, gelöst.

Foto: 123rf

Farben sind sehr sanft dosierbar und kommunizieren sehr fein mit den Menschen, die sie nutzen. Sie sind jedoch äußerst wirkungsvoll. In diesem Zusammenhang möchte ich gern einen amerikanischen Farbtherapeuten vorstellen, dessen Untersuchungen mit den Erfahrungen, die ich mit Teilnehmer:innen meiner Seminare machen konnte, übereinstimmen.

Jacob Liberman*9), Farbforscher und Augenarzt, bestrahlte Menschen nicht mit der Farbe, die ihnen angenehm war, sondern mit der Komplementärfarbe*1) oder mit derjenigen, gegen welche die Patienten einen Widerwillen hegten. »Manche wurden traurig, weil alte schmerzliche Ereignisse in Form klarer Träume oder intensiv erlebter Rückblenden an die Oberfläche kamen.« Die Arbeiten des Farbforschers ergaben, dass stresserfüllte und traumatische Erlebnisse offenbar zusammen mit bestimmten Farbinformationen im Gehirn des Menschen gespeichert wur-den. Auch ich konnte feststellen, dass schmerzliche Erfahrungen, beispielsweise im sexuellen Bereich, unbewusst mit den Farben Braun, Rot und Orange in Zusammenhang stehen. Oder dass z.B. immer, wenn in der Kindheit ein sprachlicher Ausdruck unterdrückt wurde, dieser zusammen mit der Farbe Blau verdrängt worden ist.

Diese Erkenntnisse sind für uns deshalb von besonderem Interesse, weil sie die verdrängten Anteile sichtbar machen, die mit einer Farb-Aversion einhergehen.

Farben – unsere alltäglichen Heiler

Solange wir die Ursache aller Krankheiten ausschließlich im Körperlichen (Medizinischen) sehen, werden wir die feinstofflichen Schwingungen der Farben nicht als „Heiler" wahrnehmen können. Mit jeder Farbe, die wir uns „geben", bereichern wir unser Wesen mit Licht. Wir selbst sind „Lichtwesen" und „Farb-Körper". Die Frage „Was sind Farben?" führt uns zu der Frage „Was ist Licht?" Farben sind „die Kinder des Lichtes" ist im Grunde die zutreffendste Erklärung für ihre Existenz. Sie sind das – durch ein Objekt offenbarte – Erscheinungsbild des Lichtes.

Viel zu selten nehmen wir das große Geschenk der Farbenpracht, welches die Natur uns bietet, bewusst wahr. Aber nicht nur die Natur komponiert ihr farbiges Lied. Wir selbst gestalten unsere Welt in den Farben, die wir lieben. Wir lassen uns von ihnen erwärmen und entspannen, stimulieren und unterstützen. Farben sind alltägliche Wunder, die uns das Licht beschert. Sie sind für alle Geschöpfe so lebensnotwendig wie die Sonne, der Sauerstoff und die Nahrung.

Let the sunshine in!

Die Praxis der Farbberatung

*„Die Natur hat zehntausend Farben,
und wir haben uns in den Kopf gesetzt,
die Skala auf zwanzig zu reduzieren."*
Hermann Hesse

Bei einer ganzheitlichen Farbberatung darfst du erwarten:

- Ein bestimmtes Setting unter Tageslicht-Röhren oder 6.000 Calvin-Licht. Farbige Tücher, die dir aufgelegt werden, wobei mindestens die Herbst- und die Sommerfarben nicht in glänzenden Stoffen getestet werden müssen.
- Die eigentliche Farbtypbestimmung nach der Pigmentierung (Haut, Haare, Augen, UV-Reaktion): Sie basiert auf der Analyse der natürlichen Pigmentierung von Haut, Haaren und Augen sowie der Art und Weise, wie die Haut auf UV-Strahlen reagiert.
- Beratung über die Wirkung der Farben der neuen Farbpalette: Die Beratung über die Wirkung von Farben hilft, die Farben zu verstehen und auszuwählen, die am besten zu einem passen und die gewünschte Wirkung erzielen.
- Kombinationen zwischen eigener Farbpalette und Farben anderer Farbtypen: Es gibt viele Möglichkeiten, Farben zu kombinieren und zu mischen. Die Farbberatung kann helfen, zu verstehen, welche Farben gut miteinander harmonieren und welche man besser vermeiden sollte.
- Bedeutung der Lieblingsfarben sowie der Farb-Antipathien: Unsere Lieblingsfarben können viel über unsere Persönlichkeit aussagen – mehr noch die Farben, die wir

ablehnen, und es ist wichtig zu verstehen, welche Farben uns glücklich machen und warum wir uns in manchen unwohl fühlen.

- Beratung über die Farben, die für Organismus und Psyche gebraucht werden: Es gibt viele Studien, die belegen, dass Farben einen Einfluss auf unsere Stimmung und unser Wohlbefinden haben.

- Optional: Einkaufs-Beratung und -Begleitung. Eine Einkaufs-Beratung kann dazu beitragen, dass man gezielt nach Kleidungsstücken und Accessoires sucht, die zur eigenen Persönlichkeit passen und sie sogar noch unterstreichen.

- Optional: Kleiderschrank-Check. Eine Überprüfung des Kleiderschranks kann dabei helfen, Kleidungsstücke auszusortieren, die nicht mehr passen oder nicht mehr einem vorteilhaften eigenen Stil entsprechen.

- Stilberatung, die ganzheitlich den richtigen Stil der Person herauskristallisiert und nicht nur eine Modeberatung ist.

Und natürlich kann (optional) auch dazugehören: Ein typgerechtes Make-up oder Make Up Tipps. Mit den richtigen Schminkfarben und den optimalen Make Up-Techniken wird das Beste aus einer Person herausgeholt und deren Strahlkraft verstärkt.

Foto: Eigenes

Bei einer persönlichen »ganzheitlichen« Farbberatung können wir auf folgende Probleme des Kunden eingehen:

- Kann Der Kunde/die Kundin die neuen Farben annehmen?
- Was könnte der neu analysierte Farbtyp für sein/ihr Umfeld bedeuten?
- Welche Lieblingsfarben hatte er/sie vor der Farbberatung - was bedeutet es?
- Welche Farben würde er/sie niemals tragen - und warum nicht?
- Wo liegen Schwächen im Organismus, denen er/sie durch Farben entgegenwirken könnte?

Ganz gleich, welchem Farbtyp jemand angehört und welche Farben infolgedessen zu ihm passen, versuche ich vorab herauszufinden, welche Farbschwingung dringend in der augenblicklichen Situation des Kunden von ihm »gebraucht« wird. Der Farbtyp ändert sich gnetisch bedingt niemals! Jedem steht eine bestimmte Auswahl von Farben zur Verfügung, die für ihn ideal sind. Dennoch gibt es für jeden Menschen auch Farben, die für eine bestimmte Zeit gebraucht werden und sich außerhalb der jeweiligen Farbpalette befinden.

Manchmal ist es wichtiger, gerade diese Farben zu tragen, als die »eigenen«, die sich durch die Typbestimmung ergeben. Der plötzliche unbewusste Zugriff auf bestimmte Farben, die vorher nicht getragen wurden, ist oft ein Hinweis auf organische oder psychische Blockierungen, die man auf diese Weise unbewusst zu lindern versucht. Wie wir wissen, kann die Antipathie

gegen bestimmte Farben auch ein Indiz für psychische Blockaden und organische Erkrankungen sein.

Es sollte bei der Farbberatung immer darum gehen, **den ganzen
Menschen zu erfassen**, mit allen Farben, die für ihn wichtig sind.
Einer Farbberatung kann eine Stilberatung folgen und aus ei-

ner Stilberatung kann sich eine
Persönlichkeitsberatung oder
ein Coaching über eine längere
Periode entwickeln.

Foto: fotolia

Wie finde ich heraus, welche Farbe gebraucht wird?

Der 6-Schritte-Leitfaden hilft dabei.
1. Über ein intensives Beratungsgespräch erfahren wir von
   den Klienten, wo eventuelle Blockaden sitzen.
2. Sie zeigen sich hauptsächlich über die Antipathie gegen
   eine Farbe sowie über körperliche Beschwerden.
3. Also, haben wir das Übel körperlich lokalisiert, wissen wir
   zu welchem Chakra-Bereich es gehört.

4. Über das Chakra kommen wir zu der Farbe, die mit dem Chakra korrespondiert. Das Wissen über die Chakren macht eine Querverbindung zwischen dem kranken Organ und dem in dieser Region befindlichen Chakra leicht möglich.

5. Die Farbe bzw. deren Heilenergie können wir dann für das betreffende körperliche Leiden nutzen. Wir nutzen sie nicht, indem wir sie in irgendeiner Weise anwenden, sondern indem wir den Klienten darüber aufklären, wie die Farbe wirken kann.

6. Die Anwendung geschieht dann durch die Klienten selbst bzw. über Hilfsmittel, die wir empfehlen, wie bestimmte Körperübungen, farbige Tücher, Edelsteine, Musikstücke, Farbräume. So einfach ist das.

Wichtiger Hinweis:
Der von mir verwendete Heilungsbegriff bezieht sich vornehmlich auf den präventiven Einsatz von Farben. Bei akuten oder chronischen Beschwerden suche bitte immer ärztlichen oder heilpraktischen Rat auf. Meine Empfehlungen ersetzen nicht die Diagnose und Behandlung durch Mediziner.

Wie finde ich die richtige Farbberatung für mich?

Fragen dich zuerst, ob du lediglich deinen Farbtyp wissen willst oder ob du an einer ganzheitlichen Beratung interessiert bist, ob ob du mehr Wert auf Styling legst oder eher auf typgerechtes Make Up. Ist die Beratungspraxis nicht bekannt oder empfohlen worden, kannst du vorab ein paar differenzierte Fragen stellen, wie z. B.:

- Wie lange dauert die ganze Beratung und was beinhaltet sie? Sie sollte (inklusive Make-Up) ca. 1 ½ Stunden dauern – aber durchaus auch länger.
- Was beinhaltet der Preis für die Beratung im Einzelnen? Eine Farbberatung kann unterschiedliche Schwerpunkte haben, die du am besten vorab klärst. Sind z.B. Styling-, Frisur- und Brillenberatung oder der Farbenpass im Preis enthalten? Grundsätzlich kannst du bei einer fundierten Farbtyp-Analyse je nach Dauer und Zusatzleistungen mit Preisen ab 150 € rechnen.

Der Farbenpass wird in der Regel mit ca. 35 € berechnet, ist jedoch manchmal in dem Preis der Analyse enthalten. Dies solltest du ebenfalls im Vorhinein klären.

Foto unten: Studio Elke Diemar, der Bestimmungsspiegel

Eine intensive Stilberatung kann gut und gerne zwei Stunden und länger dauern und kostet ca. 80 € pro Stunde. Kleiderschrank-Check und Einkaufsbegleitung werden ebenfalls nach

Stunden abgerechnet. Eventuell kommen Fahrtkosten hinzu. Eine „Ganzheitliche" Farbberatung wird allgemein mit 180 – 280 € vergütet.

Gehört eine Make-Up-Beratung dazu? Make Up kostet 30 – 80 €. Jedoch gehört Visagistik nicht zwingend zu einer guten Farbberatung. Manche Beraterinnen schminken nicht, beraten dafür aber intensiv in andere Richtungen (z. B. Heilkräfte der Farben, Gesundheit, Ernährung, Energiearbeit). Die Beraterin sollte dir aber zumindest deine aktuellen neuen Make Up-Farben zeigen können.

Umfasst die Beratung auch die Auskunft über die Wirkung der einzelnen Farben?

Dies wird bislang nur von »ganzheitlichen, energetischen und psychologischen« Farbberaterinnen geleistet, ist aber eines der wichtigsten Elemente einer Beratung. Bei diesen Beratungspraktiken geht es um den »ganzen« Menschen, auch um die Psyche - darum, *„den Rosengarten in sich selbst zu sehen und den Sinn der Stacheln zu verstehen"* (Karin Hunkel).

Wenn ich mir eine gute Farbberater:in kreieren könnte, so würde sie/er: Auf allen Ebenen des »schönen Scheins« talentiert sein. Ob sie/er das ist, siehst du am besten an ihr selbst. Sie braucht Geschick in Frisurfragen, muss sehen, worauf es bei einem bestimmten Gesicht bei der Brillenberatung an-

kommt. Sie sollte Modulationstricks mithilfe von Make-Up beherrschen (Schlupflid, Rouge, Augenkontur). Es wäre gut, wenn sie in Modefragen up to date wäre, und vor allem, wenn sie wüsste, wo ihre Kunden die empfohlenen Kleidungsstücke kaufen können. All das kann man lernen. Foto: Eigenes

 Was nicht unbedingt gleicher-
maßen schnell erlernbar ist,
ist das Mitgefühl für andere
Menschen. Ein/e Farbbera-
ter:in muss die Kunden wirklich
mögen, um ihnen mit Respekt
und Zuneigung - und nicht von
oben herab - mit Rat und Tat
zur Seite zu stehen. Empathie
steht dabei an erster Stelle.
Das bedeutet nicht, dass sie aufgerufen ist, Therapeutin zu
sein. Nein, einfach nur wohlwollend.

Die Pigmentierung der Farbtypen

Es gibt zwei grundsätzlich voneinander unterschiedene Pigmentierungs-Gruppen:

1. Zum reinen Frühling, Herbst und deren Varianten »gehören« die **warmen** Farben mit starkem gelbem Unterton.
2. Zum Sommer, Winter und deren Varianten gehören **kalte** Farben, denen der gelbe Unterton (meist) fehlt.

Einige der Farben (nicht alle!) der zweiten Gruppe haben einen blauen Unterton. Allgemein wird die erste Gruppe als warme, die zweite Gruppe als kalte »Jahreszeit« bezeichnet.

Die Pigmentierung der Haut und der Haare ist bei allen Menschen genetisch festgelegt. Die Farbe der Haare kann sich zwar im Laufe unseres Lebens auf natürliche Weise ein paar Mal ändern, aber das geschieht nach einer bestimmten, festgelegten Ordnung. So ist das erste Haar - Lanugo-Haar genannt - in Deutschland meist ein weißblonder Flaum. In Südeuropa ist es ein schwarzer Flaum. Unsere eigentliche Haarfarbe (Terminar-Haar) ist erst im Alter von ungefähr 10 Jahren voll ausgereift. Nach dieser Haarfarbe zu fragen, ist für die Farbberatung sinnvoll. Ein Erwachsener kann in diesem Alter kupferrotes Haar haben und später aschblond oder gelbblond geworden sein. Das Haar kann zu dieser Zeit dunkelbraun sein und später flachsblond oder umgekehrt. Die Kenntnis all dieser Faktoren hilft bei der Farbberatung, Analysefehler zu vermeiden.

Wie und wann das Haar grau wird, liegt nicht in der Macht des Schicksals, sondern ist ebenfalls in unseren Genen determiniert. Machen wir eine Farbanalyse bei einem zehnjährigen Kind - was ich persönlich ablehne – und wir finden heraus, dass es ein Wintertyp ist, können wir - ohne hellseherisch zu sein - sagen, dass dieser Mensch wahrscheinlich zwischen 25 und 30 Jahren graues Haar bekommen wird. Die Winter werden meistens früh grau, wofür einzig und allein ihre (ererbte) Pigmentierung verantwortlich ist. Dafür wird die Haut der meis-

ten auch schnell und schön braun.

Foto: 123rf

Das, was unterschiedliche Hauttönung und Haarfarbe ausmacht, bestimmt gleichfalls die Art, wie wir in der Sonne braun werden und ob wir Sommersprossen haben oder nicht. Es ist die spezifische Verteilung der drei Stoffe im Blut: Melanin, Karotin und Hämoglobin.

Hat jemand - im Verhältnis aller drei Stoffe zueinander - ein Übergewicht an Melanin, so wird er meist schnell braun. Melanin beeinflusst die Bräunung unserer Haut maßgeblich und ist für den (natürlichen) Farbstoff im roten Haar zuständig.

Mit viel Karotin im Blut ist man nie besonders blass. Es bleibt immer eine leicht gelbbraune Tönung, oder der Karotin-Wert drückt sich durch Sommersprossen aus, die eine gelbbraune Färbung haben und durch UV-Strahlen an die Hautoberfläche gelangen.

Ein hoher Anteil an Hämoglobin bewirkt, dass die/der Betreffende leicht errötet und dass die Haut wirkt, als wäre sie errötet. Auffällig ist, dass die Haut dünner und zarter wirkt als die der anderen Hauttypen und dadurch auch - besonders bei Kälte - etwas bläulich ist. Diese Haut neigt zu Couperose (an die Hautoberfläche dringende Blutäderchen) und bekommt leicht Sonnenbrand. Werden diese Menschen braun, sind sie zuvor erst einmal gerötet. Eher die Ausnahme ist, dass sie zu schneller Bräunung gelangen. Dann allerdings hat ihre Haut einen tiefen Bronzeton.

Es ist jedoch nicht so, dass ein Übergewicht eines der drei Stoffe direkt auf einen bestimmten Farbtypen schließen lässt. Das wäre zu einfach, und die Analyse des Farbtyps könnte fast mithilfe eines Fragebogens erfolgen. Tatsache ist, dass sowohl der Frühling als auch manche Herbsttypen und sogar der Winter mehr Melanin als die anderen Farbtypen aufweisen können. Ebenfalls haben Frühling und Herbst zusätzlich mehr Karotin als der Sommer und der Winter. Diese haben dafür - jetzt wieder gemeinsam mit dem Herbst - mehr Hämoglobin.

Du siehst, so einfach ist es wirklich nicht. Die Pigmentverteilung kann z. B. bei einer Person 34 % Melanin, 30 % Karotin und 36 % Hämoglobin sein. Also, die einzelnen Stoffe sind im Blut relativ gleich gewichtet. Der gelbliche Hautton, der durch die beiden Anteile Melanin und Karotin entsteht, lässt die Person auf den ersten Blick wie einen Frühling wirken. Durch die Farbanalyse können wir jedoch deutlich sehen, dass sie ein "Heller Sommer" ist. Sie sieht nur so ähnlich aus wie der Frühling.

Zusätzlich zeigt die Erfahrung, dass es im Aussehen der einzelnen Farbtypen keine Regelmäßigkeiten gibt. In Mitteleuropa sind Frühlinge beispielsweise weitgehend (zu 80 %) blond. In slawischen Ländern hingegen finden wir viele dunkelhaarige Frühlinge. Hierzulande sind sie - wenn sie blond sind - ohne Analyse oft nicht von den Sommern zu unterscheiden. Afro-amerikanische Frühlinge haben einen hellen Schoko-Teint.

Beim Lesen der Farbtypbeschreibungen auf den nächsten Seiten bitte ich, nicht zu vergessen, dass sie immer nur zu etwa 80 Prozent auf die einzelnen Typen zutreffen und sich auf die - im Erwachsenenalter befindliche - mitteleuropäische Bevölkerung beziehen. Die restlichen 20 Prozent sehen für den jeweiligen Farbtyp untypisch aus, gehören aber trotzdem in diese Kategorie. Klarheit bringt eine professionelle Farbtyp-Analyse.

Hervorheben ...
... möchte ich über die einzelnen Farbtypen noch einmal:
Ein Farbtyp ist nicht mit bestimmten Charakterzügen oder Persönlichkeitsmerkmalen identisch - sondern es ist ein Mensch, dessen Pigmentierung sich **in Harmonie zu einer bestimmten Farbpalette** befindet, die irgendwann einmal »zufällig« Frühling, Sommer, Herbst und Winter und andere genannt wurde.

Es sind andere Begriffe als die der Jahreszeiten denkbar, aber der Versuch, sich auf sie zu einigen, scheiterte immer wieder, weil andere Benennungen auch leicht eine Wertung implizieren. Die Jahreszeiten sind - abgesehen von persönlichen Sympathien für Hitze oder Kälte - angenehm neutral. Sie entsprechen zwar dem Bild der hiesigen Jahreszeiten nicht, treffen aber auf die USA über weite Teile zu. Da die Bezeichnungen ursprünglich von Carole Jackson (veröffentlichte das erste Buch über Farbberatungen mit dem Titel: Color me Beautiful) vorgenommen wurden und diese in Kalifornien lebte, ist es logisch, dass sie sich auf die dortigen Erscheinungen der Jahreszeiten bezieht. So kommen die Farben des Frühlings dem kalifornischen Frühling mit all seiner Blütenpracht gleich. Der Sommer in Kalifornien zeigt sich durch die große Hitze im Bereich der gedeckten – von der Sonne verbrannten - Farben. Stellen Sie sich grauweißen Sandstrand oder eine staubige Wüste vor, mattblaues Meer und das rosa-blau-grüne Schillern einer Meeresmuschel, und Sie haben die Sommer-Palette. Auch der Herbst findet Übereinstimmungen mit dem Herbst in der Natur. Der Winter in Kalifornien bietet knallblauen Himmel, schneebedeckte Berge, türkises Meer - also starke Kontraste. Inspiriert wurde sie auch von den Blüten tropischer Länder und den Stoffen der Hochlandbewohner Lateinamerikas.

Die Varianten der Farbpaletten

Goethe hat in seiner Farbenlehre erstmals von warmen und kalten Farben gesprochen. In seinem sechsteiligen Farbenkreis macht er anschaulich, dass lediglich Rot und Grün einen Mittelwert haben, d.h., dass sie sowohl in die warme (gelbe) als auch in die kalte (blaue) Richtung tendieren. Dieses nahezu 200 Jahre alte Wissen aus Goethes Farbenlehre ist entscheidend für die Praxis der Farbberatung.

Bild: Farbenkreis von Goethe, wikipedia

Farbmischungen sind grundsätzlich abhängig vom Farbmaterial. Wenn du die Mischungen aus Goethes Farbenlehre und seinen Nachfolgern nachvollziehen willst, brauchst du beim Malen mit Temperafarben andere Mischungsverhältnisse, als würdst du Aquarellfarben verwenden. Mit Acrylfarben erreichst du wiederum eine völlig andere Wirkung als mit Wachsstiften.

Farbenhersteller arbeiten mit hoch differenzierten, digitalen Mitteln, bei denen die Farbanteile bis zu vier Stellen hinter dem Komma ausschlaggebend sein können. Farbverfälschungen entstehen leicht durch Druckmethoden, die der Konzeption der ursprünglichen Farbgebung nicht entsprechen. Die Farbpaletten, die du in unserem Shop abgebildet siehst oder auch die, die du hier findest, unterscheiden sich farblich von den Originalen. Die Farben werden durch die Reproduktion immer verfälscht, wenn ein Druck nochmals gedruckt wird. Aus diesem Grund sind sehr viele der, in Zeitschriften abgedruckten, Farbpaletten total falsch. Häufig entsteht die Misere dadurch, dass mit dem Nachdruck der Gelbwert extrem erhöht wird, was die Sommer- und Winter-Palette in einen Farbbereich bringt, der falsch ist. Und dies wird dann leider sehr oft genauso falsch reproduziert.

Warmgrundige Farben

Die Farb-Palette für den Frühlingstyp

In ihr dürfen nach der Lehre der Farben und dem „Farbenkreis" ausschließlich Farben zu finden sein, die einen starken Gelbanteil (mind. 50 %) enthalten oder ihren »warmen« Charakter durch Addition von Gelb noch erhöhen. Wenn eine Frühlings-Palette ein angeblich »warmes« Marineblau oder gar Dunkelblau in der Skala enthält, so ist das nicht richtig, da Blau grundsätzlich eine kalte Farbe ist. Nehmen wir Hellblau und geben Gelb hinzu, so wird daraus Türkis, was dann dadurch zur Frühlings-Palette gehört. Dunkelblau plus Gelb ergibt Dunkelpetrol, also keine Frühlingsfarbe. Es ist zu dunkel, aber es ist eine ideale Herbst-Farbe. Ebenso gibt es kein warmes Grau, da Grau die Mischung aus Schwarz und Weiß ist. Geben wir Gelb hinzu, ergibt es ein Graubeige (oder wie einer meiner Eyeshadow heißt, „Greige"). Je stärker der Grauwert im Beige ist, desto eher gehört die Farbe in die Sommer-Palette.

In vielen Frühlings-Paletten findet sich ein helles Violett, „Lila" genannt, was nach den Erkenntnissen der Farbenlehre keine warme Farbe sein kann. Lila entsteht durch die Mischung von Rot und Blau plus Weiß. Gelb steht sowohl dem Violett als auch dem Lila komplementär gegenüber. Ein Gelbanteil existiert einzig im Rot, weil Magenta plus Gelb gleich Rot ergibt. (Mit der Entwicklung des Vierfarbendrucks haben wir gelernt, dass Rot als physische Primärfarbe nicht existiert, sondern erst durch Mi-

79

schung mit Gelb entsteht.)

Der Gelbanteil im Violett ist also so gering, dass es keinesfalls

als warme Farbe gelten kann. Komplementärfarben gemischt, »vernichten« sich gegenseitig als Farben, weil durch die Mischung ein dunkles Graubraun entsteht. Das Violett, das wir in manchen Frühlings-Paletten finden, ist einfach nicht in den warmen Bereich zu zaubern und hat deshalb auch nichts in der Frühlings-Palette zu suchen. Ebenso ist es wichtig, zu wissen, dass Gelb prinzipiell die Leuchtkraft aller hellen warmen Farben verstärkt.

Die Farb-Palette für den „Hellen Frühling" - „Gently"

Ich nenne diesen Farbtyp gern den „zarten Frühling", weil ihm nur die sehr hellen, zarten warmen Farben stehen, wie Apricot, Lachs, Sonnengelb, Gold, helles Beige, helles Pistazie, sehr helles Türkis. Alle anderen kräftigen warmen Farben - wie Mohnrot, Kiwi, leuchtendes Grün, Grasgrün,

Koralle, Orange – sind für diesen Farbtyp zu dominant. Er wird von ihnen „verschluckt. Schön ist, dass dieser Farbtyp sich meistens von sich aus die Farben, die zart sind, aussucht und nur diese trägt.

Die Farb-Palette für den Herbsttyp

Den Farben des Herbst-Typs ist ebenfalls ihr gelber Farbanteil gemeinsam, der allerdings nicht so hoch ist wie der der Frühlingsfarben. Zusätzlich werden die Herbst-Farben abgetönt (gedeckt) und manchmal durch Addition von Grau dunkler. Dies nimmt den gelbtonigen Farben ihre Leuchtkraft. Reines Grau gehört allerdings nicht in die Herbst-Palette (weil dem Grau das Gelb fehlt), ebenso wenig Blau und Violett, weil sie die Komplementäre der Herbst-Farben Orange und Gelb sind.

Es gibt allerdings in der Herbst-Palette Farben mit geringem Blauanteil. Diese »Ausnahme-Farben« sind:
*   Weinrot (Primär-Rot + Blau + Grau + (wenig) Gelb)
*   Braun-Violett (Komplementärmischung Violett + Gelb)

*   Petrol (Grün + wenig Blau + wenig Gelb + etwas Grau)
*   Pflaume (Violett + Orange + wenig Blau)

In der Herbst-Palette finden wir also einige Farben, die auch Blau enthalten. Sie werden deshalb zu Herbst-Farben, weil die kalten Farben durch die Addition von Gelb warm werden.

Die Farb-Palette für den „Hellen Herbst" - „Light"

Diese Palette habe ich früher Frühling/Herbst-Mischtyp genannt. Sie enthält gedämpfte helle warme (mit gelbem Unterton) Farben. Es sind die Farben, die den reinen Herbsttyp nur
zum Teil kleiden, weil ihm eher die dunklen Farben stehen. Also
können beide Farbtypen teilweise die gleichen Farben tragen;
dem hellen Herbst stehen sie allerdings wesentlich besser bzw.
richtig gut. In der Frühlingspalette ist für den hellen Herbst kaum
etwas dabei, weil diese Farben zu leuchtend für ihn sind.

Die Farben seiner Palette, die ihm am besten stehen, sind: Alle
gedeckten Korallenrot-Töne, helles Braun, helles Olive, Khaki,
Caramel, Goldbraun, helles Petrol.

Kühltonige Farben

Die Farb-Palette für den Sommertyp

Diese Palette ist am schwierigsten herzustellen. Nicht zuletzt deshalb befinden sich in den meisten Sommer-Paletten anderer Anbieter höchstens zu einem Drittel Sommer-Farben. Der Rest gehört zum Winter. Die Palette der Sommer-Farben muss zum überwiegenden Teil hell sein.

Alle Sommer-Farben müssen gedeckt sein. Diese Farben wirken an Menschen, die Sommertypen sind, fein und elegant. Die Abtönung ist sehr speziell und wird keineswegs nur durch einen bestimmten Grauwert hervorgerufen. Die Farben sehen aus, als sei man mit einer dicken Puderquaste darüber gegangen.

Dadurch verlieren sie an Glanz und Strahlkraft, sind aber nicht einfach nur »abgegraut«. Aufgrund des Pudereffektes stehen dem Sommer auch Beigetöne (mit Ausnahme des leuchtenden Gelbbeige des Frühlings). Der Puder macht aus Rosa Rosenquarz, aus Hellblau wird Taubenblau, aus Pink Himbeere und Malve, aus Weiß wird Wollweiss.

Die Farb-Palette für den „Hellen Sommer" - „Bright"

Der helle Sommer hat sehr oft babyblondes Haar und wirkt definitiv zart. Seine Haut ist sehr hell und vom Hauttyp her „Super Light" und „Light". Ihm stehen am besten die Sommerfarben,

die noch einen Tick heller und pudriger sind als die für den reinen Sommertyp. Seine Farben sind: Puderrosa, Hellblau, Flieder, helles Schilf (Mint), Hellgelb, Hellgrau, Wollweiss. Sein Make Up ist definitiv hell, fast wie das vom Alabaster.

Die Farb-Palette für den „Dunklen Sommer" - „Mystic"

Sie wird von dunklen Tönen bestimmt. Die gleichen Farben wären dem Winter nicht klar genug und sind für den reinen Sommertyp zu dunkel. Aber es gibt auch bestimmte kühle Farben, die sich in der Palette des reinen Sommers und des Winters

wiederffinden, und die Idealfarben für den „Dunklen Sommer" sind. Es sind: Bordeaux, Beerentöne, Steingrau, Anthrazit, Dunkelblau, Dunkel-Mint, Malve, Rosabraun, Graubraun, Schwarzbraun. Alle Farben wirken sehr mystisch, weshalb ich ihn auch „Mystic" nenne (früher S/W-Mischtyp).

Die Farb-Palette für den Wintertyp

Die Farben werden meist als ausschließlich kalte (blaue) Farben bezeichnet, was nicht ganz korrekt ist. Im Grunde hat der Winter »klare« Farben, von denen einige einen blauen Unterton haben:

- Violett, Flieder, Magenta, Blau-Rot, Blau-Grün, Blau-Türkis.
- Nichtblaue Farben sind: Rosa, alle Grautöne, Schwarz, Weiß, Silber.
- Farben in der Winter-Palette, die Gelb enthalten, sind: Primär-Rot, Primär-Grün, Primär-Gelb, Zitronengelb, Türkis.
- Die sogenannten Eis-Farben des Winters sind so stark mit Weiß aufgehellt, dass sie eisig wirken und somit zur Palette des Winters gezählt werden können. Es sind dies: Eis-Rosa, -Blau, -Violett und -Gelb.

Warme Farben sind durch Hinzugabe von Weiß nicht in den kalten Bereich zu bringen. Ausnahme ist für den Winter das Gelb. Es wird durch Weiß extrem aufgehellt und eisig.

Ich empfehle dir,

- alle Farben deiner Palette auszuprobieren, um neue Erfahrungen zu machen;
- die Farben, die du magst und die in deiner Palette nicht vorhanden sind, mit den Farben deiner Palette zu kombinieren und dadurch weiterhin zu tragen;
- Deine Lieblingsfarben am Unterkörper zu tragen, wenn sie dir nicht zu Gesicht stehen.

Fazit: Ich denke, dass es für jeden von uns wichtig ist, seine Idealfarben, die er aufgrund seines Aussehens - seiner Pigmentierung - hat, zu kennen. Daraus folgt aber nicht, dass der Betreffende sich im gesamten Outfit von Kopf bis Fuß nur noch in diese Farben hüllt. Ich gehe davon aus, dass die Farbtyp-Bestimmung nur einen Teil dessen abdeckt, was wir mit Farben alles für uns tun können.

Mit unseren Lieblingsfarben repräsentieren wir den Teil unserer Persönlichkeit, den wir mögen - mit der Ablehnung von Farben den Teil, der in unserer Entwicklung problematisch verlief. Aber es gehören beide Teile zu uns.

Foto: 123rf

Alles über die Farbtypen

»Der neue Raum ist für jene, die ihn noch nicht betreten haben, auch nicht wirklich sichtbar.«
Mary Daly

Das theoretische Wissen, das Goethe hinterlassen hat, ist für Menschen, die mit Farben arbeiten (auch für Farbberater:innen), notwendiges Rüstzeug. Es dient den Menschen dazu, zu erkennen, dass es keine Mischungen der kalten mit den warmen Jahreszeiten geben kann. Die Gruppe der warmen Farben enthält Gelb und kann ihren typischen Farbcharakter durch Addition von Gelb noch verstärken. Der Gruppe mit den sogenannten kalten Farben fehlt der gelbe Unterton zum größten Teil. Dadurch entsteht jeweils eine völlig andere Farbfamilie.

Warme Farben wirken stimulierend auf den Menschen, der sie trägt, während die kalten Farben eher beruhigend sind. Wir können und sollten die Kräfte sowohl der kalten als auch der warmen Farben für uns nutzen, aber sie gehören nicht beide in die Farb-Palette eines bestimmten Farbtyps. Wollen wir sowohl warme als auch kalte Farben tragen, so können wir entweder die Farben der anderen Paletten jeweils am Unterkörper tragen oder Farbberatung einfach Farbberatung sein lassen und tun, wonach uns ist. Es gibt immer einen Grund für eine Farbwahl, auch für die, die einem nicht steht.

Durch meine Arbeit mit farbtypgerechter Kosmetik habe ich mehr und mehr die Erfahrung machen können: Innerhalb eines Farbtyps gibt es zusätzlich noch Varianten, wie den »kräftigen« Frühling, dem die kräftigen Farben seiner Palette (Rot, Orange, Grün) am besten stehen und den „zarten" Frühling, dem Apricot, Beige und Pistazie besonders gut steht. Es gibt den Sommer, der mehr in die Blau- und Grünrichtung seiner Palette tendiert, und den Sommer, dem die Rosatöne besser stehen. Beim Winter haben wir die Variante des kontrastreichen oder die des zarten Winters mit Eisfarben und ohne harte Kontraste. (In meinem Buch „Ganzheitliche Farbberatung" damals schon auf Seite 264 erwähnt, aber nicht näher ausgeführt.)

Jeder Farbtyp begünstigt durch die Farben seiner Palette eine bestimmte Ausstrahlung. Dies kann man besonders bei Frauen bemerken, weil wir Frauen mit unserer Kleidung doch tiefer in den Farbtopf greifen als die meisten Männer, So wirkt die Frühlings-Frau durch die Lebendigkeit der Farben meist eher »jugendlich«, die Herbst-Frau wirkt durch die Erdigkeit ihrer Farben sehr »fraulich«. Die Sommer-Frau hat etwas sehr Feines, Edles. Die Winter-Frau wirkt mit ihren Farben eher karriere- und selbstbewusst, und den Dunklen Sommer begleitet durch seine dunklen Farben eine gewisse Mystik.

Wir müssen jedoch vorsichtig sein mit Aussagen, die einem Farbtyp bestimmte Charaktere anhaften. Es ist falsch, zu glauben: »Der Frühling (als Persönlichkeit) ist dies oder jenes.« Bei jedem Farbtyp sind es die *Farben*, die eine bestimmte Aussage über das Erscheinungsbild dieses Menschen treffen. Natürlich ist ein Farbtyp von seiner Persönlichkeit her nicht an bestimmte Wesenszüge gebunden und auch nicht an einen bestimmten Kleidungsstil. Es gibt für jeden Farbtyp einen streng klassischen Stil wie es auch einen sportlichen oder avantgardistischen Stil gibt. Der Stil, den eine Frau tragen kann, ist abhängig von ihrer Figur, ihrer Persönlichkeit und dem Anlass für das Outfit. Die jeweilige *Persönlichkeit* eines Farbtyps ist maßgeblich dafür verantwortlich, welche Farben der eigenen Palette bevorzugt werden oder ob nicht vielleicht sogar der herausgefundene Farbtyp total abgelehnt wird.

Warmgrundige Farbtypen

Der Frühlingstyp

Frühlinge haben zumeist einen goldenen oder cremefarbenen Hautton. Selten sind sie weißhäutig. Der Goldton ist charakteristisch für diesen Farbtyp. In den Wintermonaten können sie allerdings sehr blass werden, sehen aber mit cremefarbenem Make Up oder Tagescreme völlig natürlich aus. Auch die sogenannte »Afrikanische Erde« (ein unter diesem Begriff bekanntes Puder in der 80ern - bei ANGEL MINERALS Tany Touch Sun) gibt ihnen ein gesundes, frisches Aussehen.

Foto: Eigenes

Ihre Haut bräunt meist schnell und hält die Tönung wesentlich länger als z.B. bei den Sommertypen. Der Ton ihrer Bräunung erinnert an ein knuspriges Brathähnchen. Leben sie in Sonnenländern, brauchen sie immer nur wenig Sonne, damit der Teint ihrer Haut einen natürlichen Goldton erhält. Bedauerlicherweise wird der Frühling jedoch merken, dass er mit den Jahren (schon ab 30 bis 40) immer langsamer braun wird. Hat der Frühling Sommersprossen, intensivieren diese meist ihren Goldton.

Die Haare des Frühlings haben einen warmen Grundton. Es ist meist das gelbe Blond der typischen Blondinen oder die Farbe von Honig - ob hell oder dunkel. Ist das Haar gesund, so hat es immer einen goldenen Glanz, der selbst bei sehr dunklem Frühlings-Haar deutlich erkennbar ist. Menschen dieses Farbtyps, bei denen der Melanin-Anteil im Blut sehr hoch ist, können in der

Kindheit kupferrotes Haar gehabt haben, und jetzt ist es mittel-blond. Das Gleiche trifft auch auf viele Herbste zu. Hier entscheidet die Analyse. Ausgesprochen signifikant für einen flachsblonden Frühling ist das Phänomen, dass das Haar ab Mitte Dreißig immer dunkler wird. Das natürliche Ergrauen steht den Frühlingen leider nicht. Ist das Haar ganz grau, hat es – im Gegensatz zum Silberweiß des Sommers und Winters, einen leicht gelblichen Ton und wirkt oft wie blond.

Bei den Augen des Frühlings finden wir die größte farbliche Bandbreite, Die typischsten sind die goldgrünen oder Bernstein-Augen. Sind sie blau, so ist es selten ein kaltes Blau, häufiger haben sie einen leichten Türkisanteil, wie die Farbe Aqua. Aber es gibt natürlich auch blauäugige Frühlinge. Vergleicht man sie jedoch mit den Augen des Sommers, wirken diese daneben in jedem Fall kühler. Hat der Frühling braune Augen (hell, mittel oder dunkel), so steht ihm das Nachdunkeln seiner Haare gut.

Die Farben des Frühlings

Sie sind leuchtend, hell und warm (mit gelbem oder goldenem Grundton). Immer sind die Farben klar, niemals gedämpft oder gar dunkel. Sie müssen so lebendig und frisch sein wie der Frühling in der Natur. Die Nichtfarben Schwarz, Weiß und Grau sollte der Frühlingstyp genauso wenig am Oberkörper tragen wie die kalten Farben Blau, Indigo, Violett und Silber.

Seine Favoriten sind: Apricot, Sonnengelb, Pfirsich, Lachs, Mohnrot, Hummer, Maigrün und Türkis. Apricot und Lachs sind Farben mit einer sehr hohen feinstofflichen Schwingungsfrequenz. In Räumen, die in diesen beiden Farben gestrichen sind, fühlt man sich leicht behütet und geborgen. Es ist eine ideale Farbgebung für Heilpraxen und Kinderzimmer.

Frühlinge mit starker Couperose oder Akne sind in ihrer Farbpalette etwas eingeschränkt, da alle sehr kräftigen Rot- und Orangetöne Hautrötungen optisch verstärken können. Ideal-Farben für die Betroffenen sind die Farben des „Hellen Frühlings", wie helles Apricot, Türkis, helles Maigrün, Beige und Gold-Gelb. Die ideale Farbe für den Frühling, wenn dieser sich einmal aus seiner Farbenprächtigkeit zurücknehmen will, ist ein helles, gelbgoldenes Beige (Caramel).

Der Frühling sollte darauf achten, seine Palette immer wieder mit den »Kopffarben« Blau und Violett (am Unterkörper getragen) auszugleichen, weil seine Farben weitgehend aus dem Bereich der kräftigen Energiefarben stammen. Das kann nach einiger Zeit dazu führen, sich »ausgebrannt« zu fühlen. Auch Konzentrationsschwierigkeiten und der Verlust innerer Ruhe können die Folge sein, wenn sich der Frühling ständig ausschließlich - und über Jahre hinweg - in den kräftigen Farben seiner Palette kleidet.

Die Erscheinung des Frühlings

Seine Farben verleihen ihm viel Lebendigkeit und Vitalität. Es sind hauptsächlich Farben der unteren Chakren, die ein Optimum an Energie ausstrahlen. Davon profitiert er selbst auf der direkten Ebene, schafft aber auch bei seinen Mitmenschen den Eindruck eines Energiebündels. Durch die Farben strahlt er Jugendlichkeit und Fröhlichkeit aus, ohne dass er noch viel dazutun muss.

Der „Helle Frühling" ...

... hat zudem noch den Zugewinn, dass ihm die zarten Farben den Eindruck einer zarten Ausstrahlung bescheren. Seine Farben

sind lichter und zurückgenommener als die vom reinen Frühling. Dadurch wirkt er nicht so energiereich, wie der Frühling, sondern eher zart.

Foto: Eigenes

Nun könnten alle, die eine frühlingshafte oder eine zarte Ausstrahlung haben wollen, einfach diese Farben tragen. Aber sie würden nicht das gleiche Resultat damit erzielen, weil die Farben eines Farbtyps einzig mit dem entsprechenden Farbtyp harmonieren. Ein Sommer, Winter oder Herbst würde in den Frühlings-Farben nicht authentisch wirken, sondern »laut«.

Der Herbsttyp

Die Haut des Herbstes ist meist sehr hell, fast weiß mit einem zarten Hauch von Rosa. Deshalb wird er gern mit dem Sommer verwechselt. Der Herbst hat jedoch sehr oft Sommersprossen, die sogar im Winter deutlich sichtbar bleiben können. Manche Herbsttypen sind noch nie in ihrem Leben braun geworden und vertragen die Sonne auch nicht. Es gibt aber auch die Ausnahme des Herbstes, der schnell und tief braun wird. Er hat nur in seltenen Fällen Sommersprossen. Der Teint kann dann - wie beim Frühling - einen goldbraunen Ton haben.

Foto: Eigenes

Die Haare des Herbstes sind so unterschiedlich, wie die keines anderen Farbtyps. Ist er blass mit Sommersprossen, so hat er meist feuerrotes Haar, wie wir es von den Iren kennen. Oft hat das Haar auch einen Aschton, was auf den ersten Blick wiederum an einen Sommer erinnert. Das Rot verliert sich aus manchem Herbst-Haar mit den Jahren völlig. Der Herbst kann aufgrund seiner Haarfarbe an jeden anderen Farbtyp erinnern und wird deshalb auch oft falsch analysiert.

Die Farbe des Herbst-Haares erinnert an dunklen Honig und weist - wie bei den Frühlingen - einen goldenen Schimmer auf. Einige haben aber sogar tief dunkelbraune Haare (Kastanie) und werden deshalb auch gern für Winter gehalten. Die Winter-Farben machen den Herbst jedoch hart und streng. Der Übergang zum grauen Haar kann weniger attraktiv wirken, da das Grau, vermischt mit dem warmen Ton der Haare, der Frisur insgesamt einen stumpfen Ausdruck verleihen kann. Hier ist eine rote Pflanzentönung, die dem Herbst überhaupt immer gut steht, sehr geeignet, dem Haar Glanz zu verleihen. Ist das Haar ganz ergraut, hat es einen sehr schönen warmen Ton.

Die Augen des Herbstes sind im wahrsten Sinne des Wortes Spiegel seiner Seele. Sie sind sehr ausdrucksvoll und können die Farbe je nach Stimmung wechseln. Die meisten Herbste haben braune Augen, wobei das Braun sehr vielfältig sein kann. Es ist goldenes Bernstein, Haselnussbraun, helles oder dunkles Rotbraun oder ein Braun, das fast schwarz wirkt. Die Grünvarianten der Herbst-Augen sind Oliv- oder Avocadogrün mit goldenen Flecken (sog. Katzenaugen) und ein Türkis, das mehr grün als blau ist. Sehr interessant sehen sie mit petrolfarbenen oder blauen Augen aus, was allerdings selten vorkommt.

Die Farben des Herbstes

Man stelle sich einen Waldspaziergang im Herbst vor, und schon hat man das ganze Spektrum der Herbst-Palette vor Augen. Es sind tief warme und goldene Farben (mit einem gelben Unterton), die nicht leuchten. Im Gegensatz zum Frühling und Sommer sind es die dunklen Töne, die dem „reinen" Herbst am besten stehen. Seine hellsten Farben sind ein mittleres Beige, Dottergelb und Orange.

Die Farben des „Hellen" Herbstes

Dem hellen Herbst stehen, im Gegensatz dazu, alle Herbstfarben in ihrer aufgehellten Version.

Foto:Eigenes

Am schönsten sind Terrakotta, Ziegelrot, Olive, Sand, gedeckte Koralle. Die Nichtfarben, Schwarz, Weiß und Grau, können sie am Oberkörper ebenso wenig tragen wie die ausnehmend kalten Farben Blau, Indigo, Blauviolett und Silber.

Herbst-Frauen könnten nach der Farbanalyse mehr oder weniger starke Veränderungen in ihrer Beziehung zu ihrer Weiblichkeit wahrnehmen, weil der größte Teil der Herbst-Farben als farblicher Ausdruck Erdigkeit und weibliche Energie in sich trägt.

Herbst-Kinder sollten keinesfalls dazu angeregt werden, „ihre" Farben zu tragen, da ihnen die dunklen, gedeckten Töne der Palette nicht guttun. Kinder sollten sich IMMER ihre Lieblingsfarben unter den Spektralfarben selbst aussuchen dürfen und dazu angeregt werden, auf Schwarz, Grau und Dunkelbraun zu verzichten.

Kombinationen mit Frühlings-Farben geben den dunklen Herbst-Farben Lebendigkeit und stimmen in den Grundtönen überein. Sie befinden sich in der gleichen „warmen" Farbfamilie. Der Herbst sollte seine Garderobe immer wieder mit hellen Farben und kühlen (blaugrundigen) Farben kombinieren. Ausschließlich die Herbst-Farben zu tragen, führt zu einer gewissen »Schwere«.

Besonders Menschen, die zu Depressionen und Übergewicht neigen, brauchen den Ausgleich mit hellen, leichten, freundlichen Farben. Alle Farben, die nicht in der Herbst-Palette vertreten sind, können und sollten einfach am Unterkörper getragen werden.

Die Erscheinung des Herbstes

In ihren Farben wirken beide Herbsttypen naturhaft. Sie strahlen Beständigkeit, Ruhe und Tiefe aus. Manche, gerade analysierte Herbste sind entsetzt über das Analyse-Ergebnis, weil sie die Palette als »Alte-Leute-Farben« empfinden. Dass Brauntöne ein so negatives Bild anhaftet, ist schade, weil sie eigentlich sehr viel Behaglichkeit, Wärme und Natürlichkeit ausstrahlen.

Ich finde, dass die Palette des hellen Herbst die schmeichelhaftesten Farben enthält und besonders Frauen darin sehr weiblich und attraktiv aussehen. Die Farben sind weder dunkel noch grell, nicht zart und auch nicht kontrastreich.

Kalttonige Farbtypen

Der Sommertyp

Sommertypen haben zumeist eine sehr zarte, durchscheinende Haut. Durch den hohen Hämoglobinanteil wirken sie rosig und haben manchmal - besonders bei Kälte - einen leicht bläulichen Hautunterton. Ihre Haut erscheint dünner als die anderer Farbtypen. Deshalb erröten sie auch leicht, wenn sie verlegen sind. Die Röte kommt ganz unwillkürlich, ohne dass sie sie kontrollieren könnten. Bei den Sommern tritt die Couperose (Äderchen, die an die Hautoberfläche gelangen und wie »Rotbäckchen« aussehen) verstärkt auf.

Couperose ist ein Sonderthema bei der Farbtypbestimmung. Die Farben der Sommer-Palette Mint, Hellblau und Flieder drängen die Couperose bei der Analyse immer zurück. So passiert es oft, dass jemand zum Sommer »gemacht« wird, nur weil durch die Sommer-Farben Rötungen zurückgehen. Die Haut darf natürlich nicht alles sein, worauf bei der Farbberatung geachtet wird.

Foto: Eigenes

Die meisten Sommer sind sehr hellhäutig. An den hellsten Körperstellen sind kleine rosafarbene Kreise unter der Haut zu sehen. Sommer werden sehr langsam oder gar nicht braun und bezahlen jedes Sonnenbaden mit einem - zumindest leichten - Sonnenbrand. Die empfindlichste Körperpartie ist auf dem Dekolletee, um das Brustbein herum. Wenn ihnen heiß wird - in der

Sauna oder bei angeregtem Kreislauf, werden sie krebsrot. Aber wie bei allen Farbtypen, gibt es auch unter den Sommern Ausnahmen, die dunkle rosabeige Haut haben; die schnell bräunt und sich dann zu einem schönen indianischen Bronze-Teint entwickelt.

Fragen wir einen Sommer nach seiner Haarfarbe, so können wir - milde ausgedrückt - aschblond hören. Viele gehen weiter und bezeichnen ihre Haare mit abfälligen Ausdrücken wie »Straßenköter-Blond«, »Asphalt-Farbe«, »Mausgrau«, »farblos«, »schmutzig« u.a. Für die weiblichen Sommer ist charakteristisch, dass sie schon seit frühester Jugend mit ihrer Haarfarbe experimentieren. Auch gibt es keinen anderen Farbtyp, der so viele angebliche Probleme mit seiner Frisur hat, wie der Sommer.

Was Sommertypen vor der Farbberatung natürlich nicht wissen, ist, dass das Problem hauptsächlich an den falschen Farben liegt, die sie tragen. Dadurch sieht das Haar fad und farblos aus. Tragen die Sommer »ihre Farben«, passt das aschige Blond oder Braun der Haare wunderbar zu ihren Kleidungsfarben!

Sommer wirken in den zarten Farben ihres Typs sehr edel. Mit ihrem hohen Hämoglobin- und dem gleichermaßen hohen Melaninanteil besitzen sie ein hohes Maß roter Pigmente im Haar. Durch UV-Strahlung sieht das Haar dann rotbraun aus, was häufig zu Verwechslungen mit dem Herbsttyp führt. In der Rangfolge des Ergrauens steht der Sommer - nach dem Wintertyp - an zweiter Stelle, sieht damit aber sehr attraktiv und elegant aus. Wenn das Haar des Sommers immer kurz getragen wird (wie es z.B. bei Männern meistens der Fall ist), dunkelt es stark nach, sodass es mit der Zeit fast schwarz wird. Das ist einer der Gründe, warum Sommer-Männer fälschlicherweise manchmal zum Winter »gemacht« werden. Ein anderer Grund ist, dass so manche Farbberaterin Schwierigkeiten hat, sich einen Mann in den zarten Sommer-Farben vorzustellen, und ihn deshalb zum Winter analysiert. Winter-Farben machen einen Mann markanter, Sommer-Farben lassen ihn zarter erscheinen.

Sommer-Augen sind überwiegend klar blau oder aquamarin. Mit diesem Blauton bezeichnet man sie auch als „Wasseraugen". Sehr oft sind sie haselnuss- oder dunkelbraun, besonders bei Dunkelhaarigen. Andere sind tief blaugrau oder graugrün. Das Weiß des Augapfels kontrastiert (im Gegensatz zu dem des Winters) nicht sehr mit der Iris. Es ist eher cremig als schneeweiß.

Die Farben des Sommers

Es sind weiche, gedämpfte, »pudrige«, helle Farben. Sie werden auch als kühle Farben bezeichnet, weil ihnen der gelbe Unterton fehlen soll. Die »Pudrigkeit« entsteht aber gerade durch kleine Mengen (bis 10 %) von Gelb. Die Farben wirken ungefähr so, als würde man zarte Pastelltöne nehmen und überall mit einem dicken Pinsel voll beigem Puder darüber gehen. Beigetöne (mit Ausnahme des leuchtenden Frühlings-Beige) sind deshalb auch überaus ideal für den Sommer, weil es Kompositionen unterschiedlicher Puderfarben sind. Farben, die diesen Effekt nicht haben, gehören nicht in die Sommer-Palette, sondern zum Wintertyp oder zum „Dunklen Sommer" (Mystic).

Die meisten Sommer-Paletten, die auf dem Markt zu finden sind, enthalten nur höchstens zu einem Drittel wirklich die Farben des Sommertyps. Die restlichen sind Winter-Farben. Es fehlt ihnen die gedeckte Pudrigkeit.

Die Erscheinung des Sommers

Besonders bei Sommer-Männern ist auffällig, dass sie in ihren Farben wesentlich weicher als beispielsweise in Winter-Farben wirken. Auf keinen Fall bedeutet es jedoch, dass der Sommer auch wirklich ein zarter Mensch ist, die Farben lassen ihn lediglich so erscheinen. Korpulente Menschen wirken in Sommer-Farben dünner und leichter. Laute und heftige wirken gemäßigter. Die Farben bewirken dezente Zurückhaltung und vermitteln vorrangig Eleganz. Die Palette produziert durch das Ineinanderlaufen der Farben aus der gleichen Farbfamilie ein edles Erscheinungsbild.

Der „Helle" Sommer

Die zarten pastelligen Farben des Sommers lassen ihn selbst auch sehr zart erscheinen. Dies umso mehr, wenn er ein „Heller" Sommer ist. Diesem Farbtyp steht das Weinrot und die Beerentöne des Sommers nicht gut. Er sieht bestechend in Wollweiß aus. Foto: 123rf

Der „Dunkle" Sommer
Foto rechts: Eigenes

Die deutlichsten Merkmale des „Dunklen Sommers" (Mystic) sind seine Augen, deren Weiß ein Cremeweiß ist und die Iris meist ein helles Braun hat. Ein weiteres Merkmal ist, dass seine Augenbrauen nicht so kräftig sind, wie die vom Wintertyp. Ansonsten kann er auch einen Schneewitt-chen-Teint haben und wird nicht so schnell und dunkel braun wie der Wintertyp.

Der Wintertyp

Vorrangiger Hautton der Wintertypen ist helles bis dunkles Oliv, das erst im Sonnenlicht richtig deutlich wird. Bekommt die Haut keine Sonne, wirkt sie etwas gräulich, manchmal gelb gräulich. In der Regel werden Winter so schnell braun, dass man dabei zuschauen kann. Als Unterton tritt dann das Oliv hervor, oder sie werden graubraun, schwarzbraun oder rotbraun. Bei den meisten Wintern hält sich der braune Teint lange, bei einigen verliert er sich sofort wieder. Winter können als Kinder weiß-blonde und auch gelbblonde Haare gehabt haben und sind als

Erwachsene schwarzhaarig. Un-gefähr ein Prozent aller Winter sind auch als Erwachsene blond. Dies ist dann jedoch ein Weiß-blond oder ein helles Blond, me-liert mit weißen Haaren.

In der Regel sind sie dunkelbraun bis schwarzhaarig und ergrauen ausgesprochen früh. Zwischen 25 und 30 Jahren grau zu wer-den, ist bei den reinen Wintern keine Seltenheit. Anders wie-derum beim „Dunklen Sommer" (Mystic). Dieser Typ wird erst später grau. Winter sollten keinesfalls das Experiment wagen, sich das Haar gelbblond färben zu lassen oder es mit blonden Strähnen aufzuhellen. Ist das Winter-Haar im Ganzen ergraut, wird es silberweiß und wirkt majestätisch.

Foto: Eigenes

Braune Augen sind beim Winter vorherrschend. Sie sind gold-, haselnuss-, dunkel- und schwarzbraun. Einige Winter-Augen ähneln der Haut einer Forelle mit dunklen, braunschwarzen und blauschwarzen Flecken und Streifen. Die blauen Augen des Winters sehen aus wie das klare Blau des Himmels oder ein dunkles Blau, das zu Indigo tendiert. Grundsätzlich bildet das Weiß des Augapfels beim Winter immer einen starken Kontrast zur Iris. Das macht es leicht, sie von Dunklen Sommern zu unterscheiden.

Die Farben des Winters

Sie haben die Palette mit den meisten Heilfarben. Keine ihrer Farben ist auch nur eine Spur »gedeckt«. Wir finden darin die reinen Grundfarben entsprechend dem Goethe'schen Farbenkreis (mit Ausnahme von Orange): Neutrales bis Blau-Rot, Zitronengelb, Reines bis Blau-Grün, Royalblau, Violett. Seine Palette schließt auch die Farben Magenta und Türkis ein. Ideal sind für den Winter Kontraste: Entweder Color-Blocking, wie Magenta oder Royalblau mit Grün, Rot mit Violett oder Türkis, Gelb mit Blau oder Hell-Dunkel-Kontraste. Natürlich steht - von allen Farbtypen - nur ihm allein der Schwarz-Weiß-Kontrast.

Die Erscheinung des Winters

Da die Winter-Farben klar und stark sind, erscheinen auch die Farbtypen, die sie tragen, selbstsicher und klar. Sie vermitteln das Bild des karrierebewussten, durchsetzungsfähigen Menschen. Auch hier sind es wieder nur die Farben, die den Menschen so erscheinen lassen. Trägt allerdings ein Nicht-Winter die Winter-Farben, so kann er wie ein »wandelnder Kleiderständer« wirken. Einzig der Winter kann diese Farben gut tragen. Er sieht darin weder verkleidet aus, noch wirkt er unangenehm auffällig.

Abschließende Bemerkungen

Was eine Farbberatung für jeden bringen kann, welchen Benefit sie zu liefern imstande ist, muss jeder für sich selbst beantworten. Immer mal wieder flammt das Thema als Trendsetter in unterschiedlichen Medien auf. Es haben sich jedoch zwei Richtungen, damit umzugehen, herauskristallisiert:

- zum einen die oberflächliche, eher modeorientierte und
- zum anderen, die Farben als Heilkräfte wahrzunehmen und in diesem Sinne die Farbberatung als tiefergehendes Instrument zu nutzen.

Für mich persönlich hat sie eine große Lebensveränderung bewirkt und hat mich heiler gemacht als ich es jemals war. Ja, natürlich waren es in erster Linie die Farben aber es war auch die Farbberatung an sich, denn die hat meine Idealfarben für mich bestimmt. Es sind Farben, die mit meiner Hautfarbe, meiner Haarfarbe, meinen Augen und der Art und Weise, wie ich braun werde, schwingen. Es sind also im wahrsten Sinne „meine Farben". Meine Farben haben mir maßgeblich geholfen, mich von einer depressiven unterdrückten Frau zu einer kraftvollen lebendigen Frau zu entwickeln. Durch Farben konnte ich meine früheren Erfahrungen aus Kindheit und Pubertät entschlüsseln und heilen. Zwar ist es ein Prozess, der nicht endet, aber ich durfte mich vom Leid wegbewegen und dem Licht und der Farbenpracht zuwenden, was ein Weg zur Liebe und ins Leben war.

Farben sind Licht - Licht ist Leben - Leben ist Liebe.

Danke

Dieses Buch ist Teil einer Überarbeitung des Buches „Ganzheitliche Farbberatung" (nur noch als <gebraucht> erhältlich) aus dem Jahr 2005. Die Kapitel über Chakren und Farb-Persönlichkeiten werden in einem zweiten Buch überarbeitet und veröffentlicht.

Ich danke euch allen für euer Interesse an dem Thema FARBEN. Möge euch dieses Buch Freude bereiten und ein guter Ratgeber sein. Persönlicher Dank geht an die weitreichenden Inspirationen der Teilnehmer:innen meiner Seminare und Beratungen und besonders an meine Kollegin **Gisela Schucht**, mit der ich unsere gemeinsame Podcast-Reihe „Die Kraft der Farben" aufnehmen durfte und die die finalen Korrekturen für dieses Buch vorgenommen hat.

Solltest du an einer Ganzheitlichen Farbberatung oder einer Stilberatung interessiert sein, melde dich gerne bei mir unter www.farb-gefuehl.de. Das gleiche gilt bei Interesse an einem Ausbildungs-Seminar zum/zur Farbberater/in.

Friedberg, Februar 2025

104

Die Autorin

KARIN HUNKEL ist mit den Lebensaufgaben eines Widders (mit Aszendent Löwe) im chinesischen Jahr des Büffels (1949) geboren. Ihr Studium der Psychologie und Soziologie bildete die Grundlage für spätere Ausbildungen in alternativen Heilmethoden. Nach der Arbeit als „Color Consultant" und „Healer" in den USA gründete sie 1985 ihr eigenes Ausbildungszentrum für Farbberater:innen in Frankfurt/M. mit dem Namen INDIGO. Sie hat Pionierarbeit auf dem Gebiet der Farben geleistet und die „Ganzheitliche Farbberatung" sowie die „Psychologische Farbberatung" begründet. Bislang hat sie ihr Wissen zusammmen mit ihrem Team mehr als zweitausend Menschen in Seminaren weitergeben können.

„... und war dankbar gegenüber all jenen weisen Stimmen, die mir auf meinem Weg zugeflüstert haben."
Dhyani Ywahoo

Du findest mich auch auf:
www.angel-minerals.de
www.farb-gefuehl.de
www.karin-hunkel.de
www.instagram.com/angel_minerals
www.youtube/karinhunkel unter I DON'T WEAR MY AGE
Podcast „Die Kraft der Farben" mit Gisela Schucht

Farbpässe für alle Farbtypen sowie Arbeitsmaterial zur Farbtypbestimmung kannst du kaufen unter: www.angel-minerals.de

Fußnoten

*1) S. 15: Komplementärfarben haben ihren Begriff aus der Farbenlehre von Goethe. Wenn wir ca. 20 Sec. auf einen Punkt in Rot schauen und dann die Augen schließen, sehen wir ihn in Grün (die gegenüberliegende Farbe im Farbenkreis). Bei Gelb sehen wir Violett und bei Orange sehen wir Blau. Wir bilden selbst das Komplementär.

*2) S. 17: Die Hopi sind eines der ältesten nordamerikanischen Völker und eines der friedvollsten unseres Planeten.

*3) S. 19: Als Couperose wird bezeichnet, wenn Äderchen dicht unter die Hautoberfläche dringen. Meist treten diese im Gesicht auf und schaffen ein sehr rosiges Aussehen.

*4) S. 37: Hildegard von Bingen lebte im 12. Jahrhundert als Nonne in einem Kloster bei Bingen und erhielt eines Tages „Durchsagen" über Behandlungen und Rezepturen von Naturheilmitteln sowie über die Heilkräfte der Edelsteine. Ihre beiden Schriften *Physica* und *Causae et curae* geben eine Naturbeschreibung aus ärztlicher Sicht und erwähnen zahlreiche Volksheilmittel und Behandlungsmethoden.

*5) S. 55: Die Ureinwohner Amerikas, die »Native Indians«, werden von den Weißen schlichtweg Indianer genannt, was ihren Stammes- und kulturellen Unterschieden keineswegs Rechnung trägt. Als die USA ihr 200-jähriges Bestehen feierten, zelebrierten sie einen Zeitraum, der begann, als die eigentlichen Einwohner Amerikas bereits fast ausgerottet waren. Die Weißen, die vor ca. 500 Jahren beschlossen, dieses Land für sich zu erobern, waren anfangs ausnahmslos Europäer, die aus den verschiedensten Gründen Europa verlassen mussten und in dem neuen Kontinent ihre zweite Lebenschance sahen. Die meisten von ihnen waren Kriminelle, deren Chance es war, durch die Auswanderung dem Kerker zu entgehen. Bevölkert war das Land jedoch lange vorher. Die »Vereinten Nationen« der Irokesen dienten Benjamin Franklin zum Vorbild für den Zusammenschluss der USA. Von ihnen hat er die »Amerikanische Verfassung« und die Gründung der »Unity« kopiert. Der Bund der Irokesen wurde bereits spätestens Mitte des 15. Jahrhunderts gegründet.

*6) S. 59: Die Grundfarben in der Farbenlehre sind: Magenta, Gelb und Cyan (Blautürkis). Aus der Mischung dieser drei Farben können alle anderen Farben hergestellt werden: Magenta + Gelb = Rot, Rot + Gelb = Orange, Cyan + Gelb = Grün, Rot + Blau = Violett.

*7) S. 59: Rescue (in Deutsch »Notfalltropfen«) ist eine Mischung aus mehreren Essenzen, die bei Notfall-, Angst- und Schocksituationen unmittelbar hilft.

*8) S. 59: Die Bach-Blüten sind 38 Essenzen, entwickelt von Dr. Edward Bach, die regulierend auf die Charakterstruktur einwirken und dadurch die Selbstheilungsheilungskräfte so weit mobilisieren, dass die Ursachen für Krankheiten aufgehoben werden.

*9) S. 65: Jacob Libermann, Die heilende Kraft des Lichts, Bern 1993